U0638076

基于深度学习的交通视频目标检测与识别方法研究

于来行　著

北京工业大学出版社

图书在版编目（CIP）数据

基于深度学习的交通视频目标检测与识别方法研究 /
于来行著 . — 北京 ： 北京工业大学出版社，2020.12（2022.1 重印）
　 ISBN 978-7-5639-7826-7

　　Ⅰ．①基… Ⅱ．①于… Ⅲ．①城市交通系统－视频系
统－目标检测－研究 Ⅳ．① U491.2

中国版本图书馆 CIP 数据核字（2020）第 271312 号

基于深度学习的交通视频目标检测与识别方法研究
JIYU SHENDU XUEXI DE JIAOTONG SHIPIN MUBIAO JIANCE YU SHIBIE FANGFA YANJIU

著　　者：于来行
责任编辑：乔爱肖
封面设计：知更壹点
出版发行：北京工业大学出版社
　　　　　　（北京市朝阳区平乐园 100 号　邮编：100124）
　　　　　　010-67391722（传真）　bgdcbs@sina.com
经销单位：全国各地新华书店
承印单位：三河市明华印务有限公司
开　　本：710 毫米 ×1000 毫米　1/16
印　　张：8.75
字　　数：175 千字
版　　次：2020 年 12 月第 1 版
印　　次：2022 年 1 月第 2 次印刷
标准书号：ISBN 978-7-5639-7826-7
定　　价：58.00 元

前　言

　　交通视频目标检测与识别是计算机视觉领域一个新兴的应用方向和备受关注的前沿课题。伴随网络技术和数字视频技术的飞速发展，监控技术正向着智能化、网络化方向不断前进。因此计算机视觉和应用研究者适时提出了新一代监控——智能视频监控的概念。智能视频监控在不需要人为干预情况下，利用计算机视觉和视频分析的方法对摄像机拍录的图像序列进行自动分析，实现对动态场景中目标的定位、识别和跟踪，并在此基础上分析和判断目标的行为，从而既能完成日常管理工作又能在异常情况发生时及时做出反应。智能视频监控系统不仅符合信息产业的未来发展趋势，而且代表了监控行业的未来发展方向，蕴藏着巨大的商机和经济效益，受到学术界、产业界和管理部门的高度重视。

　　本书主要包括绪论、计算机运动视觉相关理论、交通视频目标检测技术、现代交通测控概述、现代交通测控技术基础、道路交通事件自动检测技术、道路交通基础设施检测技术、道路交通基础设施运营状况评价与预警管理系统等内容。

　　由于笔者水平有限，加之时间仓促，书中难免存在不足之处，望各位读者、专家不吝赐教。

目 录

第一章 绪 论 ……………………………………………………… 1
    第一节 智能视频监控概述 ……………………………………… 2
    第二节 智能视频监控的研究内容 ……………………………… 6
    第三节 研究现状与应用前景 …………………………………… 10

第二章 计算机运动视觉相关理论 ………………………………… 13
    第一节 摄像机的标定 …………………………………………… 14
    第二节 双目立体视觉 …………………………………………… 17
    第三节 运动视觉 ………………………………………………… 25
    第四节 场景理解 ………………………………………………… 28

第三章 交通视频目标检测技术 …………………………………… 33
    第一节 运动目标检测概述 ……………………………………… 34
    第二节 视频监控中的背景建模 ………………………………… 36

第四章 现代交通测控技术概述 …………………………………… 42
    第一节 现代测控技术 …………………………………………… 42
    第二节 现代交通测控系统 ……………………………………… 47
    第三节 现代交通测控方式 ……………………………………… 51

第五章 现代交通测控技术基础 …………………………………… 57
    第一节 交通检测传感器 ………………………………………… 57
    第二节 现代常用交通无损检测技术 …………………………… 75

　　第三节　交通信息传输技术 ……………………………………… 83

　　第四节　交通信息处理技术 ……………………………………… 92

第六章　道路交通事件自动检测技术 …………………………… 101

　　第一节　道路交通事件概述 ……………………………………… 101

　　第二节　道路交通事件检测方法 ………………………………… 102

　　第三节　道路交通事件自动检测系统 …………………………… 104

　　第四节　道路交通事件自动检测算法 …………………………… 106

　　第五节　道路交通事件预警技术 ………………………………… 108

第七章　道路交通基础设施检测技术 …………………………… 110

　　第一节　道路交通基础设施的分类 ……………………………… 110

　　第二节　路面工程检测 …………………………………………… 111

第八章　道路交通基础设施运营状况评价与预警管理系统 …… 121

　　第一节　道路交通基础设施运营状况评价 ……………………… 121

　　第二节　道路交通预警管理系统 ………………………………… 122

参考文献 ……………………………………………………………… 129

第一章 绪 论

计算机视觉是计算机科学与人工智能的一个重要分支，近30年来其研究水平有了突飞猛进的进展，而且这种发展势头还将保持一个相当长的时期。原因很清楚，"百闻不如一见"，视觉信息在人类活动所涉及的各种信息中所占比重最大，由于其独特的空间特性和结构特性，不能为其他任何信息所代替。

从图像处理与模式识别发展起来的计算机视觉研究方法主要研究如何利用二维投影图像恢复三维景物世界，计算机视觉使用的理论方法主要基于几何、概率、运动学与三维重构的视觉计算理论，它的理论基础包括射影几何学、刚体运动力学、概率与随机过程、图像处理、人工智能等。计算机视觉要达成的最终目的是实现计算机对三维景物世界的理解，即实现人类视觉系统的某些功能。

为了达到计算机视觉的目的，通常有两种技术途径可以利用。第一种是仿生学方法，即从分析人类视觉入手，利用大自然提供给我们的最好参考系——人类视觉系统，建立视觉过程的计算模型，然后利用计算机系统给予以实现。第二种是工程方法，即脱离人类视觉系统框架的约束，利用一切可行的和实用的技术手段实现视觉功能。由于仿生学方法的进展缓慢，现在计算机视觉的研究大多使用工程方法。

虽然目前计算机视觉理论的发展不够成熟，但已经得到了广泛的应用，如计算机人机交互、自动导航、医学、三维场景建模与可视化、生产自动化、工业检测与监控等领域。我们相信，随着认知神经科学、视觉计算理论等基础科学的发展，随着计算机性能的不断提高，以及各种应用场合对机器视觉的需求不断增长，计算机视觉将得到更广泛的应用，并将成为21世纪高科技产品中的重要组成部分。

智能视频监控是计算机视觉领域一个新兴的应用方向和备受关注的前沿课题。伴随网络技术和数字视频技术的飞速发展，监控技术正向着智能化、网络化方向不断前进。监控系统功能日益强大，但是依然需要工作人员不间断地分析监视场景内的活动，日夜值守，工作繁重。智能视频监控在不需要人为干预情况下，利用计算机视觉和视频分析的方法对摄像机拍录的图像序列进行自动分析，实现对动态场景中目标的定位、识别和跟踪，并在此基础上分析和判断目标的行为，从而既能完成日常管理又能在异常情况发生时及时做出反应。

第一节　智能视频监控概述

一、智能视频监控的发展

智能视频监控是在传统的视频监控基础上发展起来的。传统的视频监控系统投入实际应用已经有数十年，其技术发展也随经历了三个时代。

第一代：模拟时代。在 20 世纪 90 年代初，视频监控主要是以模拟式磁带录像机为代表，其缺点是无法进行远程访问、无法与其他安防系统如门禁、边界防护等有效集成，信息存储方式臃肿，给检索和查询带来了诸多不便。

第二代：数字时代。在 20 世纪 90 年代中期，得益于数字视频压缩编码技术的发展，数字式视频录像机开始出现。硬盘录像机（DVR）的使用让用户可以将模拟的视频信号数字化，并存储在电脑硬盘而不是盒式录像带上。数字化的存储大大提高了用户对视频信息的处理能力。此外对于报警事件，以及事前事后报警信息的搜索也变得异常简单。

第三代：网络时代。进入 21 世纪后，随着网络技术的发展，DVR 系统又进一步发展成网络数字视频录像机系统。与 DVR 系统相比，该系统不但实现了视频信息的数字化存储，还实现了视频档案信息的数字化传播，即网络视频录像机（NVR），可以直接接入网络中，从而使存储下来的视频信息可以通过网络方便地进行共享。之后，网络化视频监视系统，即 IP 监视系统开始出现。网络化视频监视系统从一开始就是针对在网络环境下使用而设计的，因此它克服了 DVR/NVR 无法通过网络获取视频信息的缺点，用户可以通过网络中的任何一台电脑来观看、录制和管理实时的视频信息。第三代视频监控系统是完全数字化的系统，它基于标准的 TCP/IP 协议，能够通过局域网、无线网和互联网传输，布控区域大大超过了前两代系统；它采用开放式架构，可与门禁、报警、语音、管理信息等系统无缝集成；它基于嵌入式技术，性能稳定，无须专人管理；它灵活性大大提高，可以实现监控场景任意组合，任意调用。

视频监控系统与设备虽然在功能和性能上得到了极大的提高，但是仍然受到了一些固有因素的限制，从而导致整个系统在安全性和实用性方面仍然没有达到人们期望。具体的制约因素如下：

①人类自身的弱点。在很多情况下，人类并非是一个可以完全信赖的观察者，无论是观看实时的视频流还是观看录像回放，由于自身生理上的弱点，人类经常无法察觉安全威胁，从而导致漏报现象的发生。

②监控时间。除了一些规模较小的监控应用之外，很少有视频监控系统会按照 1∶1 的比例为监控摄像机配置监视器。这意味着对于那些机场、港湾等大型的视频监控系统来讲，各个监控点并非每时每刻都处于监控当中。

③误报和漏报。误报和漏报是目前视频监控系统中最常见的两大问题。漏报可能会导致非常危险的后果，而误报会浪费人力物力，并且这两种问题都会大大降低人们对监控系统的信任，从而降低监控系统的应用价值。

④数据分析困难。报警发生后对录像数据进行分析通常是安全人员必须要做的工作之一，而误报和漏报现象则进一步加重了进行数据分析的工作负担。另外，安全人员经常被要求找出与报警事件相关的录像资料，找到肇事者、确定事故责任或评估该事件的安全威胁程度。但由于传统视频监控系统缺乏智能因素，录像数据无法被有效地分类存储，更不用说其他智能分析了，最多只能打上时间标签，因此数据分析工作变得极其耗时，并且很难获得全部的相关信息，而经常发生的误报漏报现象使得无用数据进一步增加，有用数据经常缺失，从而给数据分析工作带来了更大的困难。

⑤响应时间长。由于安全威胁的响应速度关系到一个安全系统的整体性能。传统的视频监控系统通常都由安全工作人员对安全威胁做出响应和处理，这对于处理实时响应要求较低的安全威胁来说可能足够。但是很多情况下，在威胁发生时，需要安全系统的多个功能部分，甚至多个安全相关的部门在最短的时间内协调配合，共同处理危机。这时候，监控系统的响应速度将直接关系到用户的人身安全或财产的损失情况。

为了解决上述导致视频监控效率低下的问题，人们尝试把计算机视觉中的相关技术引入视频监控中，从而发展出了新型视频监控技术——智能视频监控。智能视频监控也称自动视频监控，它在视频监控中起着核心作用，可以有效提高视频监控的效率。同时它也是网络化视频监控领域最前沿的应用模式之一。

智能视频监控技术主要包括对视频图像序列自动进行运动对象的提取、描述、跟踪、识别和行为分析等方面的内容。如果把摄像机看作人的眼睛，而智能视频系统或设备则可以看作人的大脑。智能视频监控技术就是借助计算机强大的数据处理功能，对视频画面中的海量数据进行高速分析，过滤掉监控者不关心的信息，仅仅为监控者提供有用的关键信息。智能视频监控以数字化、网络化视频监控为基础，但又有别于一般的网络化视频监控，它是一种更高端的视频监控应用。智能视频监控系统能够识别不同的物体，发现监控画面中的异常情况，并能够以最快和最佳的方式发出警报和提供有用信息，从而能够更加有效地协助安全人员处理危机，并最大限度地减少误报和漏报现象。其最终目的就是要使计算机能够分析、描述和理解视频画面中的内容。智能视频监控涉及计算机视觉、图像视频处理和人工智能领域中的众多核心技术，是一个非常具有挑战性的高难度问题。

二、智能视频监控中的关键技术问题

智能视频监控的目标是让机器代替人来监视场景及场景中的目标，从而得到场景及目标安全性的评价。

智能视频监控的主要理论基础是计算机视觉理论，麻省理工学院（MIT）人工智能（AI）实验室的戴维·马尔（David Marr）在 20 世纪 70 年代末提出了他的计算视觉三表象理论，第一次把复杂、神秘的视觉过程变成一个可计算的信息处理过程，为机器视觉提供了第一个较为完善的理论框架——视觉计算理论。它认为机器视觉的具体目标应该根据一个景物的一到几幅图像定量地、精确地决定场景中物体的形状、位置、物理特性，对景物进行 3D 重建，即将从图像推得形状信息的过程分成低层视觉、中层视觉和高层视觉三个表象阶段。

低层视觉从原始图像获得一些基本的图像特征，构成所谓的"要素图"；中层视觉在以观察者为中心的坐标系中构成对环境的维描述，即部分地、不完整地描述；高层视觉从 2.5 维描述得到以物体为中心的坐标系中完整的三维描述。

马尔将视觉信息处理分为计算理论、表达和算法及硬件实现三个层次。计算理论层次回答计算的目的；表达和算法层次给出系统各部分的信息表达和实现系统各部分目标的具体算法；硬件实现层次则回答如何用硬件来实现以上算法。马尔视觉理论总是从底层向高层推理，但实际上，人类在观察周围世界的时候，总是利用丰富的先验知识，这就启发人们恰当地引入先验知识，以提高系统的性能。目前智能视频监控系统在视觉的三个层次都不同程度地存在很多的问题：一方面要尽量解决这些问题；另一方面要应用先验的视觉知识来指导或者回避某些暂时无法克服的难题，只有这样才能逐步设计出完美的智能视频监控系统。

针对万维网广泛智慧（World Wide Wisdom Web，W4）视频监控系统，伊斯梅尔·哈里塔奥格鲁（Ismail Haritaoglu 和德维德·霍鲁德（Dvaid Hawrood）总结了视频监控系统需要解决的问题，即 W4 问题。

由于受理论及技术的限制，目前只能实现较低智能层次的视频监控。一般智能视频监控系统都以运动跟踪为基础，对运动目标进行分类、识别、运动分析、行为理解等，从而得出对场景及目标安全性的判断。目前主要存在以下关键技术有待解决。

①快速准确的运动检测、跟踪技术及实时、鲁棒的目标分类、识别技术。这些技术是智能视频监控的基础，关于这方面的研究开展得最早，但仍然存在很多问题，特别是多目标分割及运动跟踪中存在的遮挡等问题严重影响着系统的性能。

②基于移动摄像机的视频监控技术。即将现有参数固定的静态摄像机改进为参数可在线调节的动态摄像机，包括摄像机外部参数调整及内部参数调整，这样可以扩大监视范围，实现对运动目标的主动跟踪。如何根据目标的运动来实时控制摄像机的运动，并对摄像机的内外参数进行在线标定是非常重要的问题。

③多摄像机协作监控技术。单个摄像机的视野有限，要监控大范围的动态场景就需要多个摄像机，此外，多个摄像机也有利于解决遮挡问题。其技术难点是多摄像机协作、多摄像机的标定及数据融合问题。

④运动分析及行为理解技术。对目标的整体运动和局部运动进行跟踪、分析，获得目标的轮廓、姿态、行为、路径等信息，从而进一步理解目标的行为。关键是要用机器学习方法，对序列图像进行自组织、自学习的训练，建立行为模式，然后再利用该模式来分析、识别、理解场景中发生的行为。

⑤异常事件的检测、报警与未来事件预测技术。视频监控系统的最终目的是解释监视场景中所发生的事件，根据要求对异常事件进行报警，并能根据当前目标所处的状态对将要发生的事件进行预测。事件是行为的进一步综合，利用先验知识或者机器学习方法建立事件模型，然后再利用事件模型来分析、识别事件。可以利用贝叶斯估计、模糊理论等来预测未来某事件发生的可能性或不确定性。

⑥非接触式身份识别技术。生物特征识别技术与人的运动分析的结合是视频监控系统的一个重要问题，脸像与步态是具有可感知性与非接触性优点的生物特征，是目前被认为可以用于视频监控系统中的身份识别的两个主要生物特征，也是目前智能视频监控系统能体现出其智能性的功能。一般近距离采用人

脸识别，而远距离采用步态识别，前者的研究较为深入，已经有较为成熟的专用人脸识别产品，但在视频监控中，视频人脸的被动识别仍然存在很多问题，如光线、分辨率、姿态等对识别率的影响较大。步态识别仍处于探索阶段，其难题在于远距离、多角度步态特征的提取困难，并且难以解决小训练集与大测试集之间的矛盾。

第二节　智能视频监控的研究内容

各种视频监控系统的结构、实现方式等均有所不同。

一、智能视频监控的系统结构

整个系统由四个模块组成，分别是图像获取模块、图像处理模块、图像分析模块和图像理解模块。

图像获取模块通过硬件系统获取图像数据。图像处理模块包括数据处理和图像预处理模块。

数据处理模块用于对采集到的视频信息进行调整、压缩和存盘，以方便该信息在网络中传输。硬件系统获取的原始图像，由于噪声、光照、运动等原因，图像质量不高，所以需要进行预处理，以利于提取出我们感兴趣的信息。预处理模块主要包括传感器标定、滤波、图像增强与恢复等。

图像分析模块主要是对图像中感兴趣的目标进行检测和测量，以获得它们的客观信息。图像分析模块包括目标分割、目标定位、目标跟踪和特征提取。在这部分主要是解决"何时"和"何地"的问题。

图像理解模块是在图像分析模块的基础上，进一步研究图像中各目标的性质和它们之间的相互联系，并得出对图像内容含义的理解以及对客观场景的解释，从而指导和规划行动。图像理解模块包括目标识别、行为理解、威胁估计和决策推理四部分。其中，目标识别用来解决"我看到了什么"的问题；行为理解和威胁估计用来解决"他们正在做什么"和"他们将会做什么"的问题，决策推理用来解决"我应该采取什么措施"的问题。

智能视频监控的研究内容包括运动目标检测、运动目标分类、运动目标跟踪以及对监视场景中目标行为的理解与描述。其中，运动检测、目标分类、目标跟踪属于视觉中的低级和中级处理部分，而行为理解和描述则属于高级处理部分。运动检测、目标分类与跟踪是视频监控中研究较多的三个问题；而行为理解与描述则是近年来被广泛关注的研究热点，它是指对目标的运动模式进行分析和识别，并用自然语言等加以描述。

①运动检测的目的是从序列图像中将变化区域从背景图像中提取出来。运动区域的有效分割对于目标分类、跟踪和行为理解等后期处理是非常重要的，因为以后的处理过程仅仅考虑图像中对应于运动区域的像素。然而，由于背景图像的动态变化，如天气、光照、影子及混乱干扰等的影响，使得运动检测成为一项相当困难的工作。目前常用的方法有：背景减除、时间差分光流、扩展的最大期望值算法（EM）、能量运动检测、基于数学形态学的场景变化检测等。

②目标分类的目的是识别运动目标所属的类别。不同的运动区域可能对应于不同的运动目标，如交通道路上监控摄像机所捕捉的序列图像中可能包含行人、车辆及其他运动物体，为了便于进一步对行人进行跟踪和行为分析，运动目标的正确分类是完全必要的。目前常用的目标分类方法有：基于形状信息的分类、基于运动特性的分类以及时间共生矩阵进行分层分类的方法等。

③传统上目标跟踪表达为一个组合：测量－状态分配－估值问题。目标跟踪等价于在连续的图像帧间创建基于位置、速度、形状、纹理、色彩等有关特征的对应匹配问题，常用的数学工具有卡尔曼滤波、Condensation 算法、动态贝叶斯网络等。在这些方法中，卡尔曼滤波是基于高斯分布的状态预测方法，不能有效处理多峰模式分布情况；Condensation 算法是以因子抽样为基础的密度传播方法，结合可学习的动态模型，能够完成鲁棒的运动跟踪。目标跟踪的方法主要有基于模型的跟踪、基于区域的跟踪、基于活动轮廓的跟踪和基于特征的跟踪。

④运动检测、目标分类与跟踪是运动分析中研究较多的三个问题，而行为理解与描述则是近年来被广泛关注的研究热点。它是指对运动模式进行分析和识别，并用自然语言等加以描述。行为理解可以简单地被认为是时变数据的分类问题，即将测试序列与预先标定的代表典型行为的参考序列进行匹配。由此可见，行为理解的关键是如何从学习样本中获取参考行为序列，并且学习和匹配的行为序列必须能够处理在相似的运动模式类别中空间和时间尺度上轻微的特征变化。

二、智能视频监控的难题

尽管智能视频监控研究已经取得了一定的成果，但仍有下述几个关键技术有待解决和突破。这也是今后研究的难点问题。

1. 运动分割

快速准确的运动分割是相当重要，并且十分困难的问题。这是由于动态环境中图像受到多方面的影响，如天气变化、光照变化、背景混乱干扰、运动目标的影子、物体与环境之间或者物体与物体之间的遮挡，以及摄像机的运动等。这些都给准确有效的运动分割带来了困难。以运动目标的影子为例，它可能与被检测的目标相连，也可能与目标分离。在前者情况下，影子扭曲了目标的形状，从而使得以后基于形状的识别方法不再可靠；在后者情况下，影子有可能被误认为是场景中的目标。尽管目前图像运动分割主要利用背景减除方法，但如何建立对于任何复杂环境的动态变化均具有自适应性的背景模型仍是相当困难的问题。一个可喜的发展是一些研究者正利用时空统计的方法构建自适应的背景模型。对于不受限环境中的运动分割而言，这也许是个更好的选择。

2. 遮挡处理

目前，大部分运动分析系统都不能很好地解决目标之间相互遮挡和人体自遮挡问题，尤其是在拥挤状态下，多目标检测和跟踪问题更是难以处理。在发生遮挡时，目标只有部分是可见的，而且这个过程一般是不可训练的。此时简单依赖于背景减除进行运动分割的技术将不再可靠。为了减少遮挡或深度影响所带来的歧义性问题，必须开发更好的模型来处理遮挡时特征与目标部分之间的准确对应问题。另外，遮挡前后的跟踪初始化也缺少自举方法。目前比较有效的方法是利用统计方法从可获得的图像信息中进行目标姿势、位置等的预测。不过，对于解决遮挡问题最有实际意义的潜在方法应该是基于多摄像机的跟踪系统。

3. 三维建模与跟踪

二维跟踪方法在早期的运动分析中被证明是很成功的，尤其对于那些不需要精确的姿势恢复或图像低分辨率的应用场合。二维跟踪有着简单快速的优点，主要的缺点是受摄像机角度的限制。而三维方法在不受限的复杂的运动判断、更加准确的物理空间的表达、遮挡的准确预测和处理等方面的优点是二维方法所不能比拟的：它能提供更加有意义的与身体姿势直接相关的可视化特征应用于行为识别；同时，三维恢复对于虚拟现实中的应用也是必需的。目前基于视觉的三维跟踪研究仍相当有限，三维姿势恢复的实例也很少，且大部分系统由于要求鲁棒性而引入了简化的约束条件。三维跟踪也导致了从图像中目标模型的获取、遮挡处理、参数化建模、摄像机的标定等一系列难题。以建模为例，模型通常使用许多形状参数表达。过去的一些工作几乎都假设 3D 模型依据先验条件而提前被指定，实际上这些形状参数应当从图像中估计出来。总之，3D建模与跟踪在未来工作中应值得更多的关注。

4. 多摄像机跟踪

使用单一摄像机的三维跟踪研究很少，因为目标姿势及其运动在单一视角下由于遮挡或深度影响而容易产生歧义现象，因此使用多摄像机进行三维姿势跟踪和恢复的优点是很明显的。同时，多摄像机的使用不仅可以扩大监视的有效范围，而且可以提供多个不同的方向视角以用于解决遮挡问题。很明显，未来的运动分析系统将极大受益于多摄像机的使用。对于多摄像机跟踪系统而言，我们需要确定在每个时刻使用哪一个摄像机或哪一幅图像。也就是说，多摄像机之间的选择和信息融合是一个比较关键的问题。

5. 场景理解

场景理解可根据场景的信息结合目标检测与跟踪，提高准确率。在目标缺损等情况下，视觉注意被认为是减少视觉信息，从而更容易处理大小的一种方式，便于人脑在有限计算资源条件下能够处理。而将人类视觉系统基础研究成果应用于计算机视觉、场景分析和目标识别一直是计算机科学家追求的目标，近年来视觉系统选择注意机制研究成果已引起了计算机视觉界的关注。生物视觉是通过指导对选择的场景区域凝视即基于动态选择感兴趣区域的，学者马丁·克劳斯（Martin Clauss）等人利用伊蒂（Itti）和科赫（Koch）提出的基于显著性模型分析研究了在图像中选择显著性位置的注意计算机制，并提出了利用独立排序度量等对感兴趣区域进行量度。国内在研究视觉选择注意及其在目标识别中的应用还很少，才刚刚开始，也主要集中于基于显著性的目标识别方面的应用研究。

6. 性能评估

一般而言，鲁棒性、准确度和速度是运动分析系统的三个基本要求。例如，系统的鲁棒性对于监控应用特别重要，这是因为它们通常被要求是自动、连续地工作，因此这些系统对于噪声、光照、天气等因素的影响不能太敏感；系统的准确度对于控制应用特别重要，如基于行为或姿势识别的接口控制场合；系统的处理速度对于那些需要实时高速的监控系统而言更是非常关键。因此，如何选择有效的工作方案来提高系统性能、降低计算代价是特别值得考虑的问题。同时，如何利用来自不同用户、不同环境、不同实验条件的大量数据测试系统的实时性、鲁棒性亦相当重要。

第三节　研究现状与应用前景

近年来，随着计算机软硬件性能的不断发展，各种面向复杂应用背景的智能视频监控系统也随之大量涌现，智能视频监控系统在商业、国防安全和军事应用领域中的需求日益增加。正是由于智能视频监控系统具有如此大的应用前景，引起许多国家的高度重视，并投入大量资金和科技人员进行了广泛研究。

1996年至1999年，在美国国防高级研究计划局资助下，卡内基梅隆大学、戴维·萨诺夫研究中心等几家著名研究机构合作，联合研制了视频监视与监控系统（VSAM）。VSAM的目标是为未来城市和战场监控应用开发的一种自动视频理解技术，用于实现未来战争中人力监控费用昂贵、非常危险或者人力无法实现等场合下的监控。该系统主要功能如下：

①具有先进的视频分析处理器，不但能检测和识别异常对象的类型，还能分析与预测人的活动，根据运动对象行为的危害性进行自动提示和报警。

②使用地理信息和三维建模技术提供可视化图形操作界面。当视频分析处理器报告了运动对象、对象类别及位置之后，操作员不仅可以使用虚拟的对象在地理信息界面上进行标记，而且还能在辅助窗口观察对象的真实活动情况。

③机载航空摄像机不需要经常性的人工操纵就能自动对准地面监视目标，实现对重要目标的长时间监视；自动协调多个图像传感器无缝接入，实现对整个战场场景的监视。

因此，VSAM不但能进行一般性的军事安全监控，如军事基地、军械弹药库和边海防线的监控；而且能够进行局部战争战场的实时监控，如敌方军力部署及调动情况等。

美国国防部高级研究计划局（DARPA）在2000年资助了远程人类识别重大项目，研究开发多模式的监控技术以实现远距离情况下对人的检测、分类和识别，以增强国防、民用等场合免受恐怖袭击的保护能力。

欧盟长期研究项目——资助比利时鲁汶大学的电子工程系、法国国家计算机科学和控制研究院等欧洲著名的大学和研究机构联合研究为警察、法庭等司法机关提供基于图像处理的视频监控系统。其目标是提供图像视频处理、理解技术让司法机关能从现有的监控系统的录像资料中获得更多有用的犯罪证据。另外，欧盟在1999年设立了视频监控和检索重大项目，旨在开发一个系统来有效地管理公共交通系统，从而缓解城市交通压力，它覆盖了人群和个人的行为模式分析、人机交互等方面的研究。

英国的雷丁大学已开展了对车辆和行人的跟踪及其交互作用识别的相关研究；国际商业机器公司（IBM）与微软公司等也正逐步将基于视觉的手势识别接口应用于商业领域中。马里兰（Maryland）大学的实时视觉监控系统不仅能够定位人和分割出人的身体部分，而且通过建立外观模型来实现多人的跟踪，可以检测和跟踪室外环境中的人并对他们之间简单的交互进行监控。国外的研究还有多传感器监控，使用多个传感器对某一地区协同监控；以及飞行器监控，如对从热气球上拍摄的视频图像进行分析和处理。

日本也开展了用于公共区域及智能小区的视觉监控的计划等。

当前，国际上的许多信息处理类权威杂志和重要年度学术会议为该领域研究人员提供了广泛的交流机会。

近年来，各行各业对视频监控的需求不断升温。生活中有小区安全监控，电信行业有基站监控，银行系统有柜员制监控，林业部门有火情监控，交通方面有违章、流量监控等。从功能上讲，视频监控可用于安全防范、信息获取和指挥调度等方面。虽然监控摄像机已经广泛地存在于银行、商场、停车场和交通路口等，但现有的视频监控系统，通常只是录制视频图像，是用来当作事后证据的，没有充分发挥实时主动的监控作用。已有的视频监控产品不能满足日益增长的需要。特别是美国9·11事件以来，一些人群比较密集的公共场所或比较容易受袭击的公共场所，如机场、体育馆、外国使馆、地铁和银行等，都纷纷安装视频监控系统以保障人民生命和财产安全。目前在建造智能大厦和选购住房时，安全防范系统越来越受到人们的重视。如果对现有的视频监控系统加以改进，实现对被监控目标的自动识别功能，我们就能够大大地降低犯罪率，节省人力物力资源，节约投资。

有效的交通管理是一些大都市面临的难题。智能视频交通控制系统能及时提供各路段的车辆流量和路况信息，记录违章车辆，以便实现准确快速的交通指挥调度，达到充分利用现有的道路资源，提高突发交通事故的处理能力，从而为人们的出行提供快捷舒适的交通服务。在一些工业生产线上，也利用无人监控系统检测产品质量。

智能视频监控在军事上也有广阔的应用前景。准确及时地掌握边海防区域的军事情况，对于有效保卫祖国的领海和领土，在未来战争中做出快速反应、掌握战争主动权有着极其重要的意义。建立边海防远程视频监控系统，对关键口岸、哨所和敏感地区实施监控，就能使情报部门直观、及时地监视边海防前线情况，提高情报获取的实时性和综合处理能力，也能有效防止偷渡、出逃、走私和贩毒等非法行为。

在当前市场一体化和经济全球化形势下，企业为了提高竞争能力，纷纷在世界各地建立分支机构。通过远程视频传输系统，企业管理部门就能随时观察到其在各地机构的生产、工作状况，与电话汇报相比，既直观真实又方便快捷。

第二章　计算机运动视觉相关理论

计算机视觉的研究于 20 世纪 50 年代从统计模式识别开始，当时的工作主要集中在二维图像分析和识别上。通过二维图像来理解三维场景的三维视觉研究开始于 1965 年学者罗伯茨（Roberts）对多面体形状及其空间关系进行描述的"积木世界"的概念。20 世纪 70 年代，有些学者已经相继提出了一些视觉应用系统。其中，20 世纪 70 年代中期到 20 世纪 80 年代初期，戴维·马尔教授通过在麻省理工学院人工智能实验室的学习提出了不同于"积木世界"分析方法的计算机视觉理论，该理论在 20 世纪 80 年代成为计算机视觉研究领域中第一个比较完善的理论框架和研究体系。马尔理论指出视觉过程是一种计算过程，可以将其分为三个层次：计算理论、表征与算法和硬件实现，其目的是从图像中得知外部场景中有什么物体以及它们的空间关系，即三维恢复和重建。在马尔提出的视觉计算理论整体框架中，又把这种重建过程分为三个表征阶段：

①二维图像性质的表征：包含图像边缘灰度变化率，边缘的几何特征，或者纹理元素的排列、描述等。

②以观察者为中心坐标系的物体可见表面等性质的 2.5 维表征：它是要素图和三维图像模型之间的中间表示层次，包含物体表面的局部内在特征。

③以物体为中心坐标系的被观察物形状的三维结构和组织的表征：由二维图像性质的表征和 2.5 维表征得到。

马尔视觉计算理论立足于计算机科学，系统地概括了心理生理学、神经生理学等方面已取得的所有重要成果，是计算机视觉研究领域取得的划时代成就。虽然该理论在许多方面还有争议，如视觉处理框架基本上是自下而上的，没有反馈，以及没有足够重视先验知识的应用等，但是马尔理论给了我们研究计算机视觉许多珍贵的哲学思想和研究方法，是视觉研究中迄今为止最为完善的视觉理论。马尔建立的视觉计算理论，使计算机视觉研究有了一个比较明确的体系，大大推动了计算机视觉研究的发展。

按照马尔理论，在数字视觉的学术界产生了计算机视觉中三个层次的研究内容：

①低层次视觉：涉及像素一级的运算操作，包括成像、滤波、边缘检测和阈值区域分割等。

②中间层次视觉：可以细分为狭义中间层和广义中间层。狭义中间层主要是研究线、圆、椭圆、洞、多边形、角点等形状的检测；广义中间层处理研究的是二维形状模板匹配、影调和遮挡、纹理、彩色、距离，以及几何不变性等，根据区域的性质和特征，找出区域间的关系，推导出相应的三维场景描述。

③高层次视觉：主要研究普遍适用的三维场景的解释、理解和物体识别理论技术，研究通用的逻辑推理等智能推理甚至决策过程。

第一节　摄像机的标定

摄像机的成像原理与小孔成像的模型相同，即所谓的针孔模型。摄像机的镜头处于小孔的位置，通过物体反射的光线透过小孔照射到孔后的感光屏上，从而形成影像。其中有几个重要的参数：

光轴：光轴是过镜头中心，且垂直于感光屏的一条直线，它与感光屏的交点就是图像的中心点。一般认为图像的中心点就是感光屏的中心点，但是有时也会有小范围的误差。

图像中心：一般认为光轴和图像的交点就是图像的中心。

一、摄像机的标定

相机标定的目的是确定相机的图像坐标系与物体空间中的三维参考坐标系之间的对应关系，简言之就是求取摄像机的参数。只有摄像机被正确地标定以后，才能根据图像平面中的二维坐标推导出对应物体在三维空间中的实际位置。近年来，无须标定物、基于图像序列的自标定方法已成为标定研究的一个重要方向。福热拉（Faugeras）、隆（Luong）和梅班克（Maybank）等研究人员在1992年首先提出了自标定的概念，从射影几何的角度出发证明了对同一场景的每两幅图像间存在着两个形如 Kruppa 方程的二次约束，通过直接求解 Kruppa 方程组可以解出内参数。鉴于直接求解 Kruppa 方程的困难，研究者们又提出了分层逐步标定的思想，即首先对图像序列做射影重建，在此基础上再进行仿射标定和欧氏标定，该方法以 1996 年汉利（Hanley）的正交三角（QR）分解法和波列菲斯（Pollefeys）的模型约束法以及特里格斯（Triggs）1997 年提出的绝对二次曲面法为代表。针对在实际应用中摄像机内参数可能变化的情形，研究者们进一步提出了可变内参数下的摄像机自标定的概念。1997 年，海登·奥斯特隆姆（Heydem Astrom）和波列菲斯等研究人员从理论上证明了：在内参数满足一定条件的前提下，可变内参数下的自标定是完全可能的。1999 年，学者张正友提出了一种利用平面模板的标定方法，该方法只需从不同角度对模板拍摄几幅图像，通过图像的单应矩阵即可计算出摄像机内参数，并可利用反投影法优化求解。

摄像机的标定是通过选择一些对应的三维点，找出摄像头的内矩阵和场景的外矩阵的。相机的标定一般来说有以下四种方法：

1. 传统摄像机标定方法

传统相机标定的优点在于适用于任意的相机模型，而且标定的精度较高，但不足之处在于需要高精度的已知场景的信息。该标定大体分为两种：一种是平面标定，即通过平面上一系列的点的对应，找到内外矩阵；另一种是三维标定，一般取两个互相垂直平面上的六个点，可以以最少的点数获得较为精确的标定结果。相机模型是用来表示相机拍摄的图像上点的坐标与空间中该对应点的位置的相互关系的模型，模型的参数称为相机参数。其中又分为内部参数和外部参数：内部参数用来描述相机的内部光学和几何特性，外部参数则用来表示相机坐标系相对于世界坐标系的方向和位置。

根据计算思路的不同，传统的相机标定方法可以分为以下四种：

（1）利用最优化算法的相机标定方法

这一类相机标定方法的优点是可以假设相机的光学成像模型非常复杂，其中包括了成像过程中的各种因素。但由此带来的问题是相机标定的结果取决于相机的初始给定值，如果初始值给定的不恰当，很难通过优化程序得到正确的标定结果，并且优化程序非常费时，无法实时地得到标定结果。

摄影测量学中的传统方法就是这类方法的代表。它考虑了相机成像过程中的各种因素，并且精心设计了相机成像模型。对于每幅图像，利用至少 17 个参数来描述其与三维物体空间的约束关系，计算量非常大。由于引进的参数比较多，并使用了特殊的专业测量相机，在图像投影和三维重建时取得了很高的精度。

（2）利用透视变换矩阵的相机标定方法

从摄影测量学中的传统方法可以看出，刻画三维空间坐标系与二维图像坐标系之间关系的方程一般来说是相机内外部参数的非线性方程。如果忽略相机镜头的非线性畸变并且把透视变换矩阵中的元素作为未知数，给定一组三维控制点和对应的图像点，就可以利用线性方法求解透视变换矩阵中的各个元素。严格来说，基于相机针孔模型的透视变换矩阵方法与直接线性变换方法没有本质的区别，而且透视变换矩阵与直接线性变换矩阵之间只相差一个常数因子，基于两者都可以计算相机的内部参数和外部参数。这一类标定方法的优点是无需用最优化方法来求解相机的参数，从而运算速度快，能够实现相机参数的实时计算，其缺点如下：标定过程中不考虑相机镜头的非线性畸变，标定精度受到影响；线性方程组中未知数的个数大于要求解的相机参数的个数，且不是相互独立的。

这种过分参数化的缺点是，在图像含有噪声的情况下，解得的未知数也许能很好地符合这一组线性方程，但由此分解得到的参数值却未必与实际情况相符，使精度受到一定的限制。

（3）蔡罗杰的两步法

如果先利用线性变换方法或者透视变换矩阵求解相机参数，再以求得的参数作为初始值，考虑畸变因素，利用非线性优化方法进一步提高标定精度，这就形成了两步法。

20世纪80年代中期蔡罗杰（Royer Tsai）提出的基于真正应用集群（RAC）的标定方法是计算机视觉相机标定方面的一项重要工作，该方法的核心是利用径向一致约束来求解除相机光轴方向的平移外的其他相机外参数，然后再求解相机的其他参数。基于RAC标定方法的最大好处是它所使用的大部分方程是线性方程，从而降低了参数求解的复杂性，因此其定标过程快捷、准确。

（4）双平面法

除了传统的针孔摄像机模型外，研究者们一直在寻找合理的摄像机模型，使之更有效地表示摄像机的成像过程。马丁斯（Martins）等研究人员首先提出了双平面模型。

这类方法的优点是利用线性方程求解，不需要非线性优化。其缺点是未知数个数比较多，至少24个，大于自由度个数；图像坐标和实际坐标间的变换是基于实验的，这样造成了最终结果的不确定性。

2. 张正友的平面标定方法

微软研究院的张正友在 1999 年的国际计算机视觉大会（ICCV）上提出了一种介于传统标定方法和自标定方法之间的新的、更灵活的方法——张氏平面标定方法。它既避免了传统标定方法设备要求高、操作烦琐等缺点，又较自标定方法精度高，适应性更好。

3. 主动视觉摄像机标定方法

主动视觉摄像机标定方法利用已知摄像机的某些运动信息，如可以通过步进电机带动摄像机运动，根据所得图像的变化来求得标定结果。

这种标定方法的优点是通常可以线性求解，鲁棒性比较高；缺点是在摄像机运动未知和无法控制的场景中无法应用这种标定方法。

4. 摄像机自标定方法

摄像机自标定方法是指仅依靠多幅图像之间的对应关系，不需要标定块，仅仅通过图像点之间的对应关系对摄像机进行标定的过程。它的优点是显而易见的，仅需要建立图像之间的对应，灵活性强，但其是非线性标定，鲁棒性不高。

自标定的基本思路是通过绝对二次曲线建立关于摄像机内参数矩阵的约束方程，称之为克虏伯方程，求解方程确定矩阵 C，最后通过乔里斯基（Cholesky）分解得到矩阵 X。

自标定一般可以应用于非固定场景，即在运动场景中进行标定，在目前的研究中已经成为一个很重要的发展方向。

第二节　双目立体视觉

用立体视觉方法进行三维重建，在计算机视觉中就是通过两幅或多幅二维图像来恢复物体三维信息的方法。因为对于生物视觉系统，几乎所有具有视觉的生物都有两个眼睛，所以在计算机立体视觉系统中，也可以利用摄像机从不同角度获取同一景物的两幅图像，然后利用三维重建原理，由计算机重建景物的三维形状，恢复出物体的空间位置信息。双目视觉直接模拟人类双眼处理景物的方式，具有简单、可靠、灵活、使用范围广等特点，可以进行非接触、自动、在线的检测，具有广阔的应用前景，在机器人视觉、车辆自主驾驶、多自由度机械装置控制、非接触自动在线检测等领域均具有很大的应用价值。

人的两个眼睛可以在眼眶内转动，在每个瞬间，它们注视着空间中的一个特定点，也就是说，眼睛旋转使得对应物体兴趣点成像在视网膜中央凹的中心。视网膜是一个网面，但从成像的角度看相当于二维空间中的一个平面，而人却能通过这样一个二维空间信息感知到图像的三维空间信息，即可以感知图像的第三维信息——深度信息，也称作空间视觉。人在空间视觉中借助了一些称为深度线索的外部客观条件和自身机体内部条件来帮助判断物体的空间位置等三维信息。

①非视觉性深度线索。在观看远近不同的物体时，眼睛通过调节水晶体在视网膜上获得清晰的图像，同时，双眼还会调节视网膜中心对准远近不同的物体，以将物体图像投影到视网膜感受程度最高的区域。这种调节活动传递的信号给大脑提供了有关物体距离的信息，大脑据此可以给出到物体距离的估计信息。

②双眼视差。一般情况下，当人观察现实世界中某一物体的时候，每只眼睛的视网膜上各自形成一个独立的影像，左眼看到物体的左边多一些，右眼看到物体的右边多一些，同一物体在两个视网膜上得到不同的影像，同一物体上某点落在左右两眼视网膜上的位置是不同的，这种位置差就称为双眼视差。人之所以能有深度感觉，就是因为有了这个视差，我们主要就是根据人类双眼对同一景物成像的视差原理，采用模仿人眼的双目相机来获取监控区域的图像特征视差，达到获取场景中物体景深的目的。

③其他线索。在立体视觉中，物体本身的一些自然物理条件，也能作为深度感知的线索。比如物体大小、形状，物体的相互遮挡，阴影，颜色，各种透视情况等，都可以作为提示人脑感知和分析物体深度信息的条件。

④造成视觉问题的一些困难。按照马尔的理论，视觉过程可以看成成像过程的逆过程，在成像过程中，有以下三个重要的变化：

一是三维的场景被投影为二维的图像，深度和不可见部分的信息被丢失了，因此也产生了同一物体在不同视角下的图像会有极大的不同，以及后面的物体被前面的物体遮挡而丢失信息等问题。

二是场景中的诸多因素，包括照明和光源的情况、场景中的物体的几何形状和物理性质、相机的特性等，都被综合成单一的图像中的像素的灰度值了。

三是成像过程或多或少地带入了一些畸变和噪声。总之，由于成像过程中存在的投影、混合、畸变与噪声等原因，使得作为成像逆过程的视觉过程成为一个病态的问题。

国内外在基于立体视觉的计算机三维重建方面，研究工作主要集中在特征点匹配、相机标定和三维重建三个部分。

一、特征匹配关键技术

三维重建的先决条件是要解决两幅图像间的对应关系，即匹配问题。匹配包括两个子问题：特征匹配和特征提取。常用的匹配特征有特征点、特征线、特征区域，其中以特征点的研究较多。特征点主要有零交叉点和角点。

特征匹配往往以灰度相似性为基础，辅以对极几何约束或其他约束进行搜索。特征提取是特征匹配的基础，特征匹配是特征提取的方向。当空间三维场景被投影为二维图像时，同一物体在不同视点图像中的信息会有很大差别。此外，场景的光照条件、遮挡情况、物体的几何形状和物理特性、相机的噪声干扰和畸变等，都被综合成单一的灰度值反映出来。因此，要准确地对包含了如此多不利因素的图像进行无歧义地匹配，我们必须首先回答好三个问题：选择什么样的匹配特征、寻找特征的本质属性及建立能正确匹配选定特征的算法。

近年来，特征提取与特征匹配的研究都主要围绕着这三方面在工作，并且提出了许多各具特色的特征提取与匹配算法。

角点是图像的一种重要局部特征，是灰度的梯度的局部最大所对应的像素点，在图像匹配方面的应用中，角点检测具有重要的地位。常用的角点检测算法包括哈里斯（Harris）角点检测法和莫拉维奇（Moravec）角点检测法。下面主要介绍后者。

研究图像中的一个局部窗口在不同方向进行少量的偏移后，窗口内的图像亮度值的平均变化，需要考虑以下三种情况：

①假如窗口内的图像块的亮度值是恒定的，那么所有不同方向的偏移仅导致一个小的变化。

②假如窗口跨越一条边，那么沿着边的偏移将导致一个小的变化，但是与边垂直的偏移将导致一个大的变化。

③假如窗口内包含角点或者一个孤立的点，那么所有不同方向的偏移将导致一个大的变化。因此，定义由任意方向的偏移引起的最小变化值大于某一个特定值的那个点是角点。

莫拉维奇角点检测算子可以简单描述为，在角点的某个邻域内，亮度的变化在任意一条通过该点的直线上都很大。对每一个待检测的像素点取窗口，从各个方向来计算这个像素的非正则化自相关值，并且选择最小值作为这个像素点的角点响应函数。

随着计算机视觉研究的兴起，经过国内外众多科研工作者的不懈努力，作为计算机视觉研究的基础工作的特征匹配技术至今已经形成了许多各具特色的算法，但无论何种算法，都离不开以下四个关键技术：特征空间、相似性度量、搜索空间和搜索策略。

1. 特征空间

在特征匹配的过程中，首要的问题就是选择特征空间。特征匹配中可用的特征很多，可以是图像本身的灰度，同时也还有许多其他类似的选择，包括边沿、曲线、表面等。显著特征也可以用来匹配，如角点、直线交点、高曲率的点，此外也包含了统计特征，如不变矩、重心等。高层的语义也可以用来匹配。

其中，显著特征指的是图像中包含场景区域本质属性信息的特殊点。而统计特征则是对图像中一个区域的测量和评估，它表示了对这个区域的估计。特征空间的选择是图像匹配的基础。

正如对图像处理或其他计算机视觉任务一样，特征空间的选择是特征匹配的一个非常基本也是非常重要的要素，有以下几点原因：

①特征空间的选择决定了匹配数据对传感器和场景的哪些性质敏感。

②特征空间的选择对整个特征匹配的计算复杂度有着非常直接的影响，因为选择一个好的特征空间可以大大降低相似性度量的计算代价。

选择一个最好的特征空间，立体匹配算法的性能就可能得到极大的改善和提高。在图像预处理阶段，这些特征就可以在每幅图像中独立地找出来，这样就可以大大减少用来进行匹配的数据量。通常最好的做法就是选择一个可以最大限度地减少或者消除歧义匹配的特征空间。特征空间的选择应该基于的原则：用来匹配的特征应该是图像中可以精确表示场景本质物理特性的那些像素点，即这些特征点不应随着光照、阴影或者场景反射光的变化而发生改变。

图像的边缘，轮廓和边界经常被用作特征空间，因为它们代表了图像中的绝大多数内部结构信息。一方面，选择边缘的位置作为匹配特征有两个好处：一是计算速度快、复杂度低；二是边缘具有对图像畸变的稳定性。另一方面，由于边缘点并不具有唯一性，因此边缘特征对点匹配来说并不是一个很好的选择。

突出特征因为其图像畸变不变性和唯一性，在特征匹配中得到了广泛的应用。其中，图像中曲线的主导点频繁地被用作匹配基元，如角点、交点、拐点、曲率极值点以及间断点等。除此之外，为了使特征空间具有更好的独特性和唯一性，高层次的形状描述子，如拓扑描述子、形态学描述子和傅里叶描述子也经常被用作特征空间。此外，莫拉维奇算子通常会被选为特征空间，它是一个寻找图像中和邻域灰度差异最大点的特征提取算子。

统计特征描述了图像中一个区域上的统计信息。统计特征基于这么一个假设，即所有物体都是一个椭圆状的散射体，且物体发散出的粒子均匀分布在空间中。在这样一个前提下，物体的质心和它的主分量轴就可以当作区域的统计特征来进行匹配。还有一种很常用的统计特征就是不变矩，它可以被用在具有刚体变换的图像匹配中，但不变矩最大的缺点就是计算复杂度太高。

而当图像中信息或者数据足够丰富时，利用地图集、图文或者模型等一些高层次特征进行匹配会比传统的数据匹配有效的多。在这种匹配过程中，图像畸变只可能发生在一幅图像中，并且图像的内部结构特征可以更精确地被提取出来。

总之，特征空间就是图像中被用来进行匹配的数据表示。特征空间决定了什么会参与匹配，而相似性度量则决定了如何进行匹配。将两者结合起来就可以将很多图像中的可能引起歧义匹配的异常除去，同时可以优化图像中重要特征的匹配，两者区别在于特征空间是在匹配开始之前就提前计算好的，而相似性度量要在匹配过程中同时利用两幅图像的特征空间计算出来。

2. 相似性度量

特征空间选择好之后，接下来就要选择合适匹配特征的相似性度量。同时，相似性度量的选择又和特征空间紧密相连，因为它衡量了待匹配特征之间的相似程度。对于内部结构，也就是图像的不变特征，通常是通过特征空间和相似性度量提取得到的。

相似性度量的选择是图像匹配中最重要的步骤之一，它通常定义为某种代价函数或者距离函数的形式。下面将这些度量大致分为三大类并详细介绍它们的特点及其在匹配算法中的相关应用。

第一类称为相关度量。在这种度量准则下，相关度最大的地方确定为匹配位置。匹配是在对准图的位置集合中进行搜索，可以看作对大量像素点对的相似性进行统计度量的过程，由于误差源的性质是随机的，当相关系数最大时，其实质是搜索"信噪比最大"的像素序列。相关度量中最有名也最常用的就是归一化互相关（NCC）。NCC 具有不受比例因子误差的影响和抗白噪声干扰能力强等优点，普遍地应用于匹配度量中。

第二类是绝对差或平方差等距离度量。在这种准则下，距离度量值最小处确定为匹配位置。距离度量广泛地应用在各类匹配算法中，最常用的形式有绝对误差距离和平方误差距离，计算距离度量的支撑范围可以是当前像素，也可以是具有一定大小和形状的窗口。在一定条件下，最小平方距离分类器就是最小错误率贝叶斯分类器。

第三类称为概率度量。通常采用后验概率评估基准图与对准图之间的相似程度。在此种策略下，后验概率值最大处确定为匹配位置。

3. 搜索空间

搜索空间与两幅图像之间的相对位置变化有紧密关系。例如：如果图像的位置仅仅只有平移的变化，那么一个二维的搜索空间就足够了；如果图像之间的变化是更一般的仿射变换，则搜索空间的维度就会升高。图像的几何变换可以分为三类：全局、局部和位移场形式。全局变换通常基于矩阵代数理论，用一个参数矩阵来描述整个图像的变换。典型的全局几何变换包括以下的一种或几种：平移、旋转、各向同性或异性的缩放等。局部变换有时候又称为弹性映射，它允许图像中不同的位置具有不同的变换参数模型，变换参数往往只定义在特定的关键点上，而在区域到区域之间进行插值。位移场又称为光流场，它使用函数优化的方法，为图像中每一点计算出一个独立的位移向量。搜索空间的确定就是两幅图像之间几何变换的确定，它包括刚体变换、仿射变换、投影变换以及非线性变换等。

4. 搜索策略

搜索策略是指使用合适的搜索方法在搜索空间中找出平移、旋转等变换参数的最优估计，使得图像之间经过变换后的相似性最大。在立体匹配中引入搜索策略是为了限制其解空间的大小，最大限度地减少匹配结果的歧义性。通过选择合适的搜索策略，可以极大地提高搜索速度，降低算法的时间和复杂度。常用的搜索策略有分层搜索、模拟退火算法、松弛技术、动态规划法、遗传算法和神经网络等。遗传算法采用非遍历寻优搜索策略，可以保证寻优搜索的结果具有全局最优性，所需的计算量较之遍历式搜索小很多；神经网络具有分布式存储和并行处理方式、自组织和自学习的功能以及很强的容错性和鲁棒性，因此这两种方法在图像匹配中得到了广泛的使用。

二、特征匹配算法分类与立体成像

前面介绍的特征空间、相似性度量、搜索空间和搜索策略共同组成了特征匹配算法的基本要素，通过将这四个要素用不同的方式组合起来就可以形成新的特征匹配算法。不同的特征匹配算法就是由对这四种关键技术的不同选择而得到的。

根据特征匹配中利用的匹配基元信息的不同将特征匹配算法分为三个主要类别，即基于灰度的匹配算法、基于特征的匹配算法和基于频域变换的匹配算法。

1. 基于灰度的匹配算法

数字图像的信息单元就是图像的灰度信息，直接对灰度信息进行处理是最为便利的。基于灰度的匹配算法通常选取待匹配点为中心的一块区域的灰度值作为处理单元，用邻域像素的灰度值分布来表征该像素，然后在对准图中寻找这么一个像素，也用其邻域像素的灰度值分布来表征它，当搜索区域中的元素使相似性准则最大化时，则认为该元素是匹配的。

但是，灰度匹配选取一定大小窗口内的灰度分布特性作为匹配基元，决定了该类算法具有以下缺陷：

①对图像噪声的影响和不同灰度属性或对比度差异的影响缺乏鲁棒性。

②匹配窗口大小难以选择：窗口选择过大，在前景背景交接区域会出现误匹配；选择过小，区域内的灰度分布特性不能得到充分展现。

2. 基于特征的匹配算法

基于特征的匹配算法是立体匹配算法中的一个大类。这类方法的主要共同之处是首先要对待匹配图像进行预处理，也就是特征提取的过程，再利用提取到的特征完成两幅图像特征之间的匹配，通过特征的匹配关系建立图像之间的匹配映射变换。与区域相关法不同，基于特征的匹配方法是有选择地匹配能表示景物自身特性的特征，通过更多地强调空间景物的结构信息来解决匹配歧义性问题。基于特征的匹配方法将匹配的搜索范围限制在一系列稀疏的特征上。利用特征间的距离作为度量手段，具有最小距离的特征对就是最相近的特征对，也就是匹配元素。特征间的距离度量有最大、最小距离，欧氏距离等。常用到的图像特征有特征点、直线段、边缘、轮廓、闭合区域、特征结构以及统计特征（如局部变量、重心等）等。

在许多方面，特征匹配在处理立体视觉问题时有很强的鲁棒性。特征匹配基元包含了令人满意的统计特性以及算法编程上的灵活性。算法的许多约束条件均能清楚地应用于数据结构，而数据结构的规则性使得特征匹配适用于硬件设计。

基于线段的特征匹配算法将场景模型描绘成相互连接的边缘线段，而不是区域匹配中的平面模型，因此可以很好地处理一些几何畸变问题。此外，特征匹配不直接依赖于图像的灰度，具有较强的抗干扰性，而且计算量小、计算速度快。由于边缘特征往往出现在视差不连续的区域，因此特征匹配较易处理立体视觉匹配中的视差不连续问题。

当然特征匹配算法也存在着一些不足：

①特征在图像中的稀疏性决定了特征匹配只能得到稀疏的视差场，要获得密集的视差场必须辅助插值过程，而为了保证插值点的精确度，插值过程往往较为复杂。

②相对于基于区域的匹配来讲，基于特征的匹配精度不高，经常出现歧义匹配的干扰。

3. 基于频域变换的匹配算法

基于频域变换的匹配算法假定：像素中对应点的局部相位是相等的。根据傅里叶平移定理，信号在空间域上的平移产生频率域上成比例的相位平移。频率域信号分析在数学表达上更有助于区域分析。考虑傅里叶变换的空间支撑为无限，一般利用频域变换的匹配算法对带通滤波信号的相位信息进行处理，从而得到像对间的视差。

与前面两种传统方法相比，基于频域变换的匹配算法的匹配基元——相位本身反映的就是信号的结构信息，对图像的高频噪声有很好的抑制作用。因此，它适于并行处理，对几何畸变和辐射畸变有很好的抵抗能力，能获得亚像素级精度的致密视差。但是，当局部结构存在的假设不成立时，基于频域变换的匹配算法因带通输出信号的幅度太低而失去有效性，也就是通常提到的相位奇点问题。此外，基于频域变换的匹配算法的收敛范围与带通滤波器的波长有关，通常要考虑相位卷绕，随视差范围的增大，其精确性会有所下降。

近年来国外出现了一些较为成功的三维重建系统，其中比较早的是 1991年托马斯（Tomasi）和卡纳德（Kanade）等研究人员在假定摄像机为正交投影模型的前提下，利用仿射分解的方法解出了三维结构和摄像机运动。该系统使用基于光流的跟踪器技术来解决特征点的匹配问题。但由于该系统采用的摄像机模型是正交投影模型，这种模型只有当物体的深度远大于物体的尺寸时才合理，因此有一定的局限性。齐瑟曼（Zisserman）等研究人员在 1996 年完成的视觉导航系统利用了分层重建的思想，即首先对图像序列做射影重建，再将射影重建逐步提升到仿射重建和欧氏重建。

1996 年德贝维奇（Debevec）和泰勒（Taylor）等研究人员完成了著名的建筑物重建系统——Facade。该系统要求首先得到建筑物的粗略几何模型和摄像机运动参数，然后将建筑物的几何模型反投影到图像上与实际图像做比较，通过减小反投影误差最终计算出建筑物的精确三维结构。为增强视觉效果，该系统还使用了基于视点的贴纹理技术。该系统的不足之处在于需要预先得到建筑物的几何模型，而且建筑物的几何结构不能太复杂。1998 年，海瑟姆等研究人员提出了一种人机交互式重建系统，可以从一组全景图中恢复出三维结构，或者将场景表示成一系列按深度划分的分层的集合。该系统不需要做图像间的匹配，但要求用户在重建过程中交互式地确定场景中的一些几何约束，如共面、平行、垂直等。福热拉（Faugeras）等研究人员的系统利用分层重建、自标定等方法从图像序列中重建出了建筑物，在他们的系统中，考虑了建筑物的特殊性，主要利用建筑物上的已知点、已知角度和平行线等物理信息标定摄像机，并将待重建场景用多面体来表示。与此同时波列菲斯等研究人员提出的物体表面自动生成系统运用了可变内参数下的摄像机自标定技术。该系统仅要求手持摄像机围绕物体拍摄一系列图像，即可自动实现自标定和分层重建。

第三节　运动视觉

运动可分为摄像机不动目标不动、摄像机不动目标动、摄像机动目标不动、摄像机动目标动四种。还可以进一步将摄像机系统分为单摄像机和多摄像机系统，或者可以按对象分成单目标和多目标情况。最简单的环境是单摄像机固定不动的单一运动目标情况，但在实际场景中应用最为广泛的是单摄像机或多摄像机固定不动而多个目标运动的情况，如银行、停车场等重要场所的监控系统。这时的图像序列是由连续拍摄的运动目标或场景所生成的，它们不仅仅是空间位置的函数，而且是随时间变化的函数。

一、运动视觉的研究内容

运动视觉的研究内容如下：

1. 运动检测与跟踪

由于图像序列是三维世界中目标的运动过程在所观测到的图像平面上的成像结果，可以说运动的概念在本质上是几何变化，而几何变化表现为图像像素灰度值的变化。因此，大多数运动图像参数估计的核心问题涉及如何将图像序列的灰度值或某种图像特征的变化和场景中的目标运动联系起来，而且运动分析的中间步骤往往是研究像素点位置的移动与对应像素点的灰度值变化之间的关系的。但是，由二维图像序列的已知条件来推导出有关运动目标的全部三维未知量是不可能的，必须对运动附加某些约束条件。

在运动视觉中对图像序列进行运动分析的方法主要有以下两种：

一是利用在三维空间中目标运动所引起的图像平面像素数据的紊乱性，建立像素灰度值的时空变化关系，然后再求解目标运动的参数及其三维结构信息。

二是用二维光流或相应的参考点变化来表示由三维空间中运动目标投射到图像平面所得到的图像序列，然后利用该表示模型，由二维图像数据推导出运动目标的三维结构以及目标与观察者之间的相对运动参数。对于实用化的运动分析技术，还需要考虑到遮挡和控制躲避障碍物一类的现实问题。

通过分析图像序列，获取场景的一阶、二阶、三阶等运动参数，这是狭义的运动分析。与运动图像处理相关的研究内容包括将图像分割成前景运动区域和背景静止区域的运动分割、增强和滤波；图像序列的运动估计补偿和压缩编码；运动目标的三维结构和空间关系求解；目标的二维和三维运动分析、参数估计等。

对运动目标进行边缘轮廓检测及区域分割是实现运动检测的基础。一般分为时域和空域两种算法：时域算法是指采用多帧帧差、背景减除、仿射和光流等加以计算；空域算法是指采用灰度、颜色、纹理等同质特征进行聚类。

运动目标跟踪技术可以归为四类：

①跟踪同质区域。根据运动检测和目标分割结果，采用某种滤波跟踪算法进行目标位置和速度等参数的预测和测量。

②直接跟踪局部特征。例如，角点、直线等。

③跟踪目标外轮廓。需要先进行目标外轮廓的检测和提取，如 Snake 算法。

④跟踪三维模型已知的运动目标。这种跟踪可能和人类的视觉机理比较接近，但是一般需要训练目标模型参数，复杂度比较高，且距离实用较远。

为了算法的实用化和鲁棒性，人们仍在继续研究由于外轮廓的非刚体性、遮挡、阴影、噪声以及干扰造成的目标形变、裂变、消失和虚假等问题。

为了进行测量和估计，需要进行摄像机内外参数的标定。随之而来的则是需要研究不同的坐标系。为了进行跟踪，需要研究坐标变化和运动合成，而进一步则需要采用齐次坐标系表示。

2. 刚体和柔体

在运动分析中，一般将运动目标分成两类：刚体和柔体。在运动过程中，前者的几何特征，包括体积、形状等保持不变；而后者本身的几何特征随时间而变化。与刚体目标运动相比，柔体目标的运动分析，包括建立模型等都比较复杂，如人体的运动分析。

3. 视频压缩与处理

与运动视觉密切相关的应用领域还包括视频编码/解码压缩。传输宽带视频图像的核心技术是运动估计，运动估计占到视频处理技术中一半以上的比例。近年来提出的 MPEG-4 压缩标准就是基于目标的视频压缩，因此，必须在压缩之前精确地提取出运动目标。

在许多视频编辑或视频数据库检索的应用中，需要检测视频序列中的宏变化，给出摄像机或者场景中宏的运动参数或具体帧的位置。还有一些应用场景需要排除单纯的摄像机运动、抖动、变焦等因素。

二、运动视觉处理框架

运动视觉作为计算机视觉的组成部分，涵盖对视频图像序列的处理与分析，它的最终目的是提取决策用的视觉信息。关于运动视觉的研究可以分为预处理、处理和推理三个层次的内容，或者说分为初步外围分析的低层视觉、注视分析的中层视觉，以及认知分析的高层视觉三个阶段。具体来说，运动视觉处理是通过对包含感兴趣的运动目标的运动图像序列进行分析，来确定三维空间运动目标的结构或目标与观察者之间的相对运动参数，从而达到理解三维场景和进行相关决策的目的。

预处理、运动区域检测、阴影消除及目标提取属于运动视觉的低层处理部分；目标分类与识别，以及特征提取与目标跟踪属于中层处理部分；而行为理解、描述以及提取决策信息属于高层处理部分。当然这种划分并不是绝对的，在某些算法的处理过程中它们之间有可能会出现相互交叉的情况，如有些目标跟踪算法中需要以检测出的运动目标区域作为观测值，来测量运动目标的位置、速度及运动轨迹等参数。预处理一般用于滤除背景和噪声的影响，提高目标和图像的信噪比；运动区域检测主要检测两帧图像之间特征分量的变化，如灰度、纹理、边缘等特征分量，从图像中检测出各种可能的目标；阴影的消除主要为了防止投射在背景上的运动阴影所造成的目标形状扭曲、目标连接和目标数估计错误等影响，以便于更精确地提取运动目标，对目标进行分类与识别；在运动目标提取完成后需要对其进行特征提取，以利于在后续图像序列中对运动目标进行匹配跟踪检测；最后，可以通过分析运动目标的轨迹、姿势、步态等进行行为的理解、描述，提取决策用的视觉信息。

由于运动视觉分析系统是一个理论上涉及多门学科，而工程上涉及多项技术的研究领域，因此可以单独将某一运动分析系统作为一个课题进行研究，也可以对其中的一个或几个处理模块进行深入研究。

第四节　场景理解

在自主系统应用领域，机器视觉系统必须能够对外部环境进行丰富的内在描述和表达，这种内部描述表达使系统能够有效地推理、判断，并做出结论，根据系统的任务从整体上考虑处理过程。在经典的逻辑推理系统中，符号的意义依据模型语义符号学理论将它们与抽象实体相关联。这种方式对于自主系统来说是不完整的，因为这要求系统能从其内部描述中找出对符号的解释及其与外部世界的交互意义，从而克服经典的符号描述充分性问题。

根据马尔的视觉理论，视觉认知过程可以认为是一个多层结构。在每一层，视觉信息的表达和处理都是在不同的抽象程度上进行的。最底层对应的是信息直接与图像数字特征相关联，而最高层场景的描述则是使用自然符号语言。马尔理论终止于物体的 3D 描述。而关于被重构物体的模型推理则仅仅是针对特殊的识别应用系统设计。在人工智能研究领域，对环境中多个体的行为规划以及人机交互的空间推理方兴未艾。但是在利用视觉系统与真实世界进行有效的交互应用中，这些研究还未见成效。

本节将介绍的场景理解认知结构采用一个合理的中间层对外界进行有效的内部描述，并将传感数据层和语义层联系起来。这种结构不是对人类视觉过程的直接建模。所有的假设都不是根据经验给出的，但是感知结果可用来指导场景理解过程。依据该模型，重建的几何模型可以用符号语言描述，进而将视觉系统的各个层次结合起来。同时，该模型也为主动机器视觉任务提供了一个有用的帮助。这种语义描述应该看作一种初级描述，并且能够进行更高层的符号推理。

一、场景理解认知框架

根据马尔的视觉认知理论，视觉感知过程是在不同抽象程度上的一个信息处理活动。高层次的描述是以目标为中心的，且这种描述和场景的 3D 特征量相关。在马尔理论中，较高层次的符号描述层仅仅局限于 3D 原型的目录式组织分级描述。在琼森－莱尔德（Johnson-Laird）的理论中，假设存在三个层次水平的认知描述：最高层是意识命题描述，是一种类似于语义网的符号描述；中间层描述类似以物体为中心的意识图；最底层的描述是以观察者为中心的意识图。

学者加登福斯（Gardenfors）从一个不同的角度提出了一个认知信息描述，该结构分为语义层描述、概念层描述、亚符号层描述三层。在语义层，信息用符号语言描述，如一阶谓词；而在亚符号层，信息以系统感知输入的形式直接表达。在这两层中间，又假设有概念层。在概念层，信息在概念空间描述。概念空间的提出，为自主系统对外界环境进行内部认知描述提供了一个稳健的使用背景。加登福斯在概念空间基础上提出的场景理解认知结构框架，为场景理解提供了一个通用的信息处理框架，同时也适用于特定的应用场合。

二、静态场景理解

在加登福斯的场景理解认知结构框架下，视觉处理过程是一个双向循环过程。在整个处理过程中，来自图像的信息和知识库中的符号语义信息之间的流动是双向的：概念层为语义层的符号提供释义空间，而语义层则产生期望以便对概念层进行合理的搜索与处理。这不同于马尔理论中的串行处理过程。系统获得一幅静态场景图像后，通过物体表面形状恢复算法，获得场景的基元信息，并在概念空间中描述。静态场景理解的任务就是结合语义层概念知识，适当地产生断言与期望，将这些基元快速有效地组合起来，得到有意义的符号语义描述结果。

①静态概念空间。根据加登福斯的理论，概念空间是一个测度空间，该空间的维对应一系列的空间结构描述性质。这些性质可能是颜色、倾斜度、质量、空间坐标等。这些性质与所要描述的场景的一些认知性质直接对应而不需要任何附加的语言描述，因此，概念空间的维可以认为具有"认知性质"。从这个

角度看，概念空间描述优于其他任何用符号特征描述认知现象的方法。概念空间的一些维可以很容易地同传感器输入联系起来，其他维则与更加抽象的概念相关联。

②从明暗恢复物体形状。为了使用概念空间对场景进行描述，必须获得场景中各分立基元的表面立体形状。目前，恢复物体形状的技术有很多，其中 X 表示采用图像的何种信息特征进行恢复，如亮度、纹理、阴影和边界等。从明暗恢复物体形状是指从图像的亮度信息恢复物体表面的深度信息。

这些算法大多假设物体表面是光滑的，有的甚至假设表面是连续的，这显然不是一般自然物体表面所具有的性质。张军等研究人员采用一种基于多面体模型的从明暗恢复物体形状的方法可以快速恢复图像中的深度信息，进而获得图像中物体的表面形状。该方法通过求解超定方程组来恢复物体表面的三维信息，算法分"向量场"求解和"表面空间三维信息"计算两个步骤。

③物体知识表达与推理。为了使系统更加有效地将场景中的基元组合成有意义的结构，需要在系统中建立各种概念知识的语义描述知识库。在场景理解过程中，系统不断发现、组合、识别场景物体，由此产生相应的结论，需要用断言来描述。

新的断言和新的基元信息会引发新的期望。因此，还需要将语义形式的期望映射到概念空间中去，以指导系统对基元信息进行有意义的组合。

三、动态场景理解

动态场景可以看作一系列的静态场景的叠加，对动态场景的一种可能的分析方法是对抓取的图像系列逐一进行处理。但是这样也有其弊端，如基元划分得太小，仅用基元来描述和表达运动知识很困难；运动的历时长短不一，为了得到一个比较一致的处理结果，必然会使推理识别算法更加复杂。因此，需要改进概念空间，使概念空间中的每一个元素都更加适合动态场景的描述与理解，减少知识描述的复杂性。

动态场景理解认知框架和静态场景理解类似，只不过静态场景理解处理的基元是场景中物体的组成部分，而动态场景理解处理的基元则是一个个的运动片段，最后得到整个运动历程的语义描述与认知。

1. 动态概念空间

动态概念空间是在概念空间的基础上提出的。场景中物体的每一种"简单运动"都被看作一个整体来描述，对应为概念空间中的一个元素 k，从这个角度讲，k 在本质上是具有运动描述属性的。

"简单运动"和运动分割算法有着很直接的依存关系。马尔和瓦伊纳（Vaina）使用"运动片段"来说明"简单运动"概念。根据他们提出的"状态 - 运动 - 状态"框架，"简单运动"是指两个相邻的静止状态间的运动历程，而这些静止状态可以是瞬时意义上的静止。概念空间中的"简单运动"是马尔所说的"简单运动"的一种推广。在概念空间中，"简单运动"是指在超二次曲面在其运动参数的相邻的不连续点间的运动历程。

2. 动态行为的概念空间分类

动态行为可分为简单运动、复合简单运动。其中，简单运动直接由概念空间中的一个点描述。

复合简单运动指的是复合物体的简单运动。在这种类型的运动中，复合物体的各个组成部分都做简单运动。复合简单运动可以用物体组件的简单运动对应的动态概念空间点集描述。

3. 运动知识描述与推理

（1）语义描述

语义描述采用一种混合描述形式。语义描述由两部分组成：术语描述部分和断言描述部分。术语描述部分对应的是概念的描述，如运动场景中的不同种类的运动、过程、行为等；断言描述部分则存储了一种特定的上下文联系信息，如某种特定的动态过程。

（2）语义术语的概念空间解析

为了使用由术语形式描述的知识库，语义术语需要解析到概念空间中去。这种解析类似于模型理论语义学，但是这里使用的解析方法的立足点是一个本质上以探索概念空间中具有时间联系、几何拓扑关系信息为目的的认知结构体系。这种结构的出发点基于下面的事实：概念空间不是对外部世界的完整的抽象描述，并且它和系统的感知行为无关，但它和系统的感知能力有很大的关系。

（3）注意力转移机制

在动态场景理解过程中，为了更加快速有效地理解、识别场景中的运动，需要一种注意力转移机制，使系统将各孤立的基元按照有意义的顺序联系起来，合理地利用知识库中的知识进行推理与产生期望。

与传统的方法相比，概念空间本身具有一定的感知属性，对物体的描述紧凑有效，比较适合场景理解应用。

在静态场景理解中，处理系统首先利用从明暗恢复形状技术得到场景中物体的深度信息，采用匹配技术获得基元信息的概念空间描述。在注意力转移机制下，系统结合语义层知识库的概念描述，根据期望与断言，产生合理的感知序列，快速扫描场景中的基元集合，得到场景的合理解释。

　　动态场景理解是静态场景理解的一个扩展，场景中的运动物体用其静态概念空间的时间系列的离散博里叶变换（DFT）系数描述。动态场景中的运动由基元"简单运动"组合构成，在注意力转移机制下，系统对"简单运动"快速合理地组合，给出场景中物体运动的语义解释。

第三章　交通视频目标检测技术

运动目标检测是指从序列图像中将变化区域从背景中分割出来。它的基本任务是从图像序列中检测出运动信息，简化图像处理过程，得到所需的运动矢量，从而能够识别与跟踪物体。它是数字图像处理技术的一个主要部分，由于运动目标的正确检测与分割影响着运动目标能否被正确跟踪与分类，因此成为视频监控系统研究中的一项重要的课题。

运动目标检测包括运动目标检测的预处理、运动目标分割、运动目标跟踪三个步骤。

预处理过程：利用帧差法、背景差法或边缘检测法，得到差值图像后应用固定阈值或自适应阈值二值化处理，将图像变为黑白图；再用形态学处理的方法对此图像做腐蚀或膨胀运算来消除噪声的影响，增强被检测运动物体的特征；最后对图像使用阴影消除算法，进一步锁定检测目标。

通过图像预处理得到二值图像，进行运动目标分割，将被检测物体从背景中分割出来，这在图像处理中占据了重要的位置，也往往是整个运动目标检测过程的关键，一般可以用 K 均值聚类的方法或是依靠被检测物体的特征进行图像分割。运动目标的分割与识别是一个整体的过程，可以先对图像进行分割，再利用分割图像的信息识别运动目标，也可以先粗略地对图像预分割，再利用识别信息调整分割结果。

运动目标跟踪主要应用于目标检测确认、目标轨迹估计、目标平均速度估计。其方法主要有两类。一类是先分割目标，再将分割的目标与上一幅图像的目标进行匹配，从而达到跟踪的目的。这类方法适用于目标之间相互作用较小和背景较简单的情况。这类方法的缺点是需要对整幅图像进行分割目标处理，前一帧图像与当前帧图像独立处理后再进行相互关联操作，计算复杂度较大。另一类是对目标未来时刻的状态提出预测，然后通过观测值对预测进行校正。这类方法的运算量相对前一类方法较少。

第一节　运动目标检测概述

运动目标检测的方法有很多，目前常用的有四种：光流法、相邻帧差法、背景差法、边缘检测法。

一、光流法

光流是空间运动物体被观测面上的像素点运动产生的瞬时速度场，包含了物体表面结构和动态行为的重要信息。一般情况下，光流由相机运动、场景中目标运动或两者的共同运动产生。光流计算法大致可分为三类：基于匹配的、频域的和梯度的方法。

①基于匹配的光流计算方法包括基于特征的和基于区域的两种。基于特征的方法是指不断地对目标主要特征进行定位和跟踪。它对大目标的运动和亮度变化具有鲁棒性，存在的问题是光流通常很稀疏，而且特征提取和精确匹配也十分困难。基于区域的方法先对类似的区域进行定位，然后通过相似区域的位移计算光流，这种方法在视频编码中得到了广泛的应用，但它计算的光流仍不稠密。

②基于频域的方法利用速度可调的滤波组输出频率或相位信息，虽然能获得很高精度的初始光流估计，但往往涉及复杂的计算，而且可靠性评价也十分困难。

③基于梯度的方法利用图像序列的时空微分计算 2D 速度场。由于计算简单和较好的实验结果，基于梯度的方法得到了广泛应用。虽然很多基于梯度的光流估计方法取得了较好的估值，但由于在计算光流时涉及可调参数的人工选取、可靠性评价因子的选择困难，以及预处理对光流计算结果的影响，在应用光流对目标进行实时检测与自动跟踪时仍存在很多问题。

总的来说，光流法的优点是能够检测独立运动的对象，不需要预先知道场景的任何信息，并且可用于摄像机运动的情况；缺点是由于噪声、多光源、阴影、透明性和遮挡性等原因，使计算出的光流场分布不是十分可靠和精确，并且多数光流法计算复杂、耗时长，除非有特殊的硬件支持，否则是很难实现实时检测。

二、相邻帧差法

相邻帧差法是在运动目标检测中使用得最多的一类算法。其基本原理就是将前后两帧图像对应像素值相减，在环境亮度变化不大的情况下，如果对应像素值相差很小，可以认为此处景物是静止的，如果图像区域某处的像素值变化很大，可以认为这是由于图像中的物体运动引起的，将这些区域标记下来，利用这些标记的像素区域，就可以求出运动目标在图像中的位置。由于目标大小、背景亮度的差别，对差分图像的分割方法也不尽相同。另外，当目标有阴影干扰时也要进行特殊处理。

相邻帧差法对于动态环境具有较强的自适应性，鲁棒性较好，能够适应各种动态环境，但一般不能完全提取出所有相关的特征像素点，这样在运动实体内部容易产生空洞现象。

相邻帧差法要求背景绝对静止或基本无变化、噪声较小、目标运动速度不为零、目标区域内亮度变化较为明显。这就要求对于动态背景下的目标跟踪，必须采用其他的方法先对全局运动做出补偿，如使用块匹配法、坐标变换法等。有许多基于此方法的改进方法，如双差分法、区域差分法等。双差分法在差分图像的基础上再进行一次像素相乘处理，利用噪声在时间域难重复的特点，相乘处理就滤除了噪声产生的孤立噪点。

三、背景差法

背景差法是常用的运动目标检测方法之一。它的基本思想是将输入图像与背景模型进行比较，通过判定灰度等特征的变化，或用直方图等统计信息的变化来判断异常情况的发生和分割运动目标。简单常用的方式：直接抽取视频序列中某一幅图像，或计算多幅图像的平均值作为背景。它一般能够提供最完全的特征数据，但对于动态场景的变化，如对光照等干扰特别敏感。最简单的背景模型是时间平均图像，大多数研究人员目前都致力于开发不同的背景模型，以期减少动态场景变化对运动分割的影响。

背景差法实现最简单，并且能够完整地分割出运动对象，对背景已知的应用情况，背景差法是一种有效的运动对象检测算法。

与差分方法不同的是，背景差法可以检测视频中停止运动的物体，运动目标的停止对跟踪运动目标没有很大的影响。其缺点是背景的更新导致算法的复杂性增加、实时性变差。

四、边缘检测方法

图像的边缘为图像中灰度发生急剧变化的区域。边界分为阶跃状和屋顶状两种类型。图像的边缘一般对应一阶导数较大、二阶导数为零的点。常用到的边缘检测算法有罗伯特（Robert）算子、索贝尔（Sobel）算子、拉普拉斯（Laplace）算子等。

与帧差法、背景差法相比较，边缘检测方法有利于邻近运动目标的区分和运动目标特征的提取，对背景噪声的鲁棒性很大，但其运算复杂度也相对较大。运动图像边缘的检测可以通过空间和时间上的差分来获得。空间上的差分可以使用已有的各种边缘检测算法，时间上的差分可以通过计算连续帧的差来获得，也可以通过计算当前图像与背景图像的差分图像然后求其边缘来计算。

五、其他重要的相关方法

除上面介绍的几种比较常用的运动目标检测方法外，还有一些其他方法。

①基于主动轮廓线模型方法——Snake 的主动轮廓线模型。它用参数来表示轮廓线，并定义了轮廓线的能量函数。Snake 是能量极小化的样条，内力约束它的形状，外力引导它的行为，图像力将其拖向显著的图像特征。主动轮廓线模型既能实现运动目标的检测，又能实现目标边界跟踪。

②基于人工神经网络的方法。目前基于人工神经网络的目标检测方法得到了极大的发展。在有关文献中，首先是将每帧图像分为 40×40 个图像块，预处理后将这些图像块投影到一个线性滤波器组中，得到不同的图像模式；然后把这些不同的图像模式根据预先计算得到的聚类原型进行分类；最后用训练得到的神经网络分类器来判断图像模式是否包含目标。该文献中最后给出的检测结果表明，该方法的识别效果不错。另外，该方法对尺度、旋转变形的目标有很好的适应性。

第二节 视频监控中的背景建模

一个典型的视频监控系统是用一个静态的摄像机实时监控固定区域，其目的是从静态背景中分割出动态目标，并对其进行分类、跟踪等操作。从视频流中实时分割动态目标是视频监控系统的一个基本环节。运动目标检测处于整个智能视频监视系统的最底层，是各种后续高级处理的基础。对于静态摄像机，背景建模是解决实时分割动态目标的有效方法。背景图像的获取最简单的方法是在场景没有运动目标的情况下进行，但在某些应用场合无法满足这种要求。

一个有效的背景模型应能解决以下几种在实际应用中常常存在的问题。

①背景的扰动：背景中可以含有轻微扰动的对象，如树枝、树叶的摇动，扰动部分不应该被看作前景运动目标。

②光照的变化：一天中不同时间段光线、天气等的变化以及室内开灯、关灯等都会对检测结果产生影响。

③背景的更新：由于光照或其他条件的变化会使背景图像发生变化，需要及时对背景模型进行更新，以适应这种变化。

④阴影的影响：通常前景目标的阴影也被检测为运动目标的一部分，这样将影响对运动目标的进一步处理和分析。

以往的方法或者不能解决以上所有问题，或者是通过构造复杂的模型来解决，计算量大，对系统的要求比较高，有时可能无法满足实时处理的要求。

一、背景提取与更新算法概述

背景提取与更新最简单的方法是时间平均法，就是将一段时间中的图像序列求和再做平均，获得一幅近似的背景图像，这种方法容易将前景目标混入背景中，产生混合现象。总结已有的自适应背景提取与更新方法，大致可将其分为两类：第一类是非模型法，即从过去的一组观测图像中按照一定的假设选择像素灰度构成当前的背景图像；第二类是模型法，即对图像的每一个像素点都分别建立对应的背景模型，以提取背景图像，并采用自适应方法对模型参数进行调整以实时更新背景图像。

1. 非模型法

在非模型法中，最重要的是灰度选取的假设规则。有学者提出了一种自适应平滑算法，认为在一段图像序列中，像素点处于稳定状态最长的灰度值是背景像素灰度值。但如果前景目标运动较慢或者在一段时间内暂时处于静止状态，稳定状态最长的灰度值往往是前景目标，此时就会产生错误结果。古奇斯（Gutchess）等研究人员对此做了改进，在算法中引入了光流场计算，就可以把由运动目标产生的稳定状态最长的灰度值去掉了，但光流场的计算增加了算法的复杂性和运算量。格洛耶（Gloyer）等研究人员假设在训练阶段背景至少在50%的时间内可以被观测到，由此提出了中值法，即将图像序列中处于某个像素点中间的灰度值认为是该点的背景像素灰度值。但如果背景像素在少于

50%的时间内被观测到，中值法就会得到错误结果。

非模型法得到的是灰度图像形式的参考背景。系统每读入一帧新的图像，就将该帧图像每个像素点的灰度值与参考背景图像对应像素点的灰度值相减。若差值大于某个背景灰度阈值7%则该像素点属于运动物体，反之则为背景像素。

由于是有选择地选取部分灰度值构成参考背景，因此与时间平均法相比，非模型法可以在很大程度上避免混合现象。但非模型法的灰度选取规则都是基于一定的前提假设的，如果实际情况和假设不符，就会得到错误的结果。而且背景判断的灰度阈值 T 是固定的，这导致算法适应气候环境和光照条件变化的能力下降。

2. 模型法

在模型法中，通过对图像的每个像素点建立对应的像素模型，来完成背景的自适应提取与更新。弗里德曼（Friedman）将像素的灰度值看作3个高斯分布的加权，这3个高斯分布分别对应于背景、前景和阴影。由于背景往往比较复杂，对其仅用一个高斯分布表示是不够的。斯塔夫（Stauffer）和学者格里姆森（Grimson）对此进行了改进，采用 K 个高斯分布的混合模型表示背景像素的分布规律。斯塔夫的方法是个很重要的方法，之后许多模型法都是在其基础上进行改进的。学者马吉（Magee）注意到斯塔夫方法中只对背景建立了多个高斯分布的混合模型，并未对前景建立，因此建立了多个前景模型与之相结合，实现了更为有效的运动检测。埃尔加马尔（Elgammal）等研究人员提出一种无参数的核密度估计算法，提高了运动检测的灵敏性，但运算量很大。

模型法获得的参考背景不是简单的灰度图像，而是图像中各像素的参数模型。系统每读入一帧新的图像时，就将该图像每个像素点的灰度值与该点像素模型的各个分布进行匹配，以判定该点是属于前景运动物体还是背景像素，并进行模型参数更新。

与非模型方法相比，模型法能更准确地提取背景，其模型自适应更新机制能更好地适应道路交通背景环境的变化。而混合高斯分布模型又是各种模型中最常用的一种，因此我们采用基于混合高斯分布模型的算法来进行背景提取与更新。但是由于该方法每个像素点都要维持一个多分布的模型，因此系统的计算量较大。

背景模型的建立分为背景初始化和背景更新两个阶段。背景差值法速度快，检测准确，其关键是背景图像的获取。但是在有些情况下，静止背景是不容易直接获取的。此外，由于噪声等因素的影响，仅仅利用单帧的信息容易产生错误，这就需要通过视频序列的帧间信息来估计和恢复背景。

常用的背景初始化算法有时间平均法和像素估计法。

①时间平均法。时间平均法是最简单直接的方法，即求一时间序列上的视频图像的平均值作为背景的估计值。这种方法虽然计算简单，但是很容易将前景目标混入背景图像中，使背景图像模糊、不清晰。

②像素估计法。像素估计法就是从过去的一组视频序列中按照一定的算法估计出每个像素的背景值。时间中值法是其中最具有代表性的方法。其原理比较简单。一般情况下，背景至少可以在 50% 的时间内被观测到。所以图像序列处于每个像素点亮度值中间的那个点的值即该位置处的背景值。

像素估计法把一段图像序列中，处于稳定状态时间最长的像素灰度值作为该点处的背景灰度值。但是当遇到停车、堵车或者车流量比较大时，这种方法容易将前景误判为背景。

二、基于高斯混合模型（GMM）的背景提取与更新算法

要使背景模型对外界光线变化具有自适应性，必须实时地对背景模型进行更新。背景更新算法一方面要考虑到对环境的适应性和实时性，另一方面也要考虑算法的复杂度。基于这种考虑，我们采用一种动态均值背景更新算法，该算法的思想如下：

①每隔 M 帧进行一次背景更新。因为视频的播放速率为 25 帧 / 秒或者 30 帧 / 秒，交通背景一般不会经常发生突然剧烈变化，所以系统采用间隔背景更新的策略。

②对于当前视频帧中检测到的运动像素点不进行背景更新，背景仍然采用上一帧的图像背景。运动像素点大多数情况下不会是环境背景，不对它们进行更新。如此，一方面减小了误差的引入，另一方面也减小了算法的复杂度。

③对于当前视频帧中检测到的非运动像素点，按照中值法进行背景更新。已有的基于 GMM 的背景提取与更新算法，其采用的模型的分布数目都是固定不变的。

三、去除阴影

在运动目标检测过程中，由于车辆阴影的特征与背景迥然不同，而阴影和目标有相同的运动特征，导致运动阴影很容易被误判为运动目标，给后续的目

标检测和跟踪带来很大困难。一般来说阴影的存在会使多个目标粘连，误判为一个目标；还会使运动目标形状失真，给后续基于形状的跟踪算法带来困难；另外当运动阴影把另一个目标完全覆盖时，就会造成漏检。因此实时有效的阴影检测算法是视频检测系统中的一个很重要的组成部分。

物体按照光线照射的方向投射产生的阴影称为投射阴影。投射阴影又进一步分为暗影和半影。暗影相对半影的像素值高，容易被检测到，但同时也更易被误判为运动目标。在交通视频检测系统的阴影检测算法中，一般都是针对暗影进行检测的。

通过调研分析，阴影检测算法大多根据以下特征作为检测算法的依据：

①根据时间、光源的位置和强度可以估算阴影的位置。

②在不同的颜色空间，依据阴影的各个颜色分量与背景和前景的不同检测出阴影。

针对室外交通环境来说，为了利于阴影的检测，需要满足以下前提条件：

①阴影区域是静止、有纹理的，并且灰度方差较小。

②光源的照射范围足够大，能够产生明显的暗影。

1. 阴影检测算法的分类

目前对图像中阴影进行检测的研究有很多。

①按照判断过程是否引入和使用不确定度，阴影检测算法可分为决策性方法和统计学方法。决策性方法是直接肯定或者否定检测目标是否为阴影；统计学方法利用概率论来对检测目标进行分类，根据图像的某些特征计算概率统计函数将目标分为阴影区和非阴影区。对于决策性方法，根据是否要为检测区域不同的目标建立模型可以再分为基于模型的决策性方法和不基于模型的决策性方法。对于统计学方法，其参数的选取至关重要，可以再分为基于参数的统计学方法和不基于参数的统计学方法。

②按照空间特征，阴影检测算法可以分为局部阴影检测和区域阴影检测。

③按照时域特征，阴影检测算法可以分为静止阴影检测和动态阴影检测。交通视频阴影检测算法属于动态阴影检测。

④按照光谱特征，阴影检测算法可以分为彩色空间阴影检测和灰度空间阴影检测。

2. 基于 RGB 空间的阴影检测

色度学三原色原理，即任何颜色都可以用三种不同的基本颜色按不同的比例混合得到。这一原理使得彩色图像的获取、表示、传输和复制成为可能。根据三原色原理，彩色视觉领域中出现了许多表征各种色彩的颜色模型。颜色模型指的是某个三维颜色空间中的一个可见光的子集，它包含某个色彩域的所有颜色。一般而言，任何一个色彩域都只是可见光的子集，任何一个颜色模型都无法包含所有的可见光。常见的颜色模型有 RGB、CIE、CMY、HSI、NTSC 等。对于阴影检测而言，常用 RGB 等颜色模型来检测阴影。这是因为 RGB 是从数字摄像机直接获得的颜色模型表示方式，用它来检测阴影更加直接，无须转化。HSI 与人的视觉系统相对应，经常用于计算机视觉的算法研究。

RGB 模型是目前常用的一种彩色信息表达方式，它使用红、绿、蓝三原色的亮度来定量表示颜色。RGB 颜色模型可以看作三维直角坐标颜色系统中的一个单位正方体。任何一种颜色在 RGB 颜色空间中都可以用三维空间中的一个点来表示。在 RGB 空间中阴影检测算法目前有很多。我们常用到的 RGB 检测算法，基于颜色恒常性原理。由于这种算法属于非参数的统计学方法，故把这种算法称作 SNP 阴影检测算法。我们利用时间中值背景建模法和 SNP 算法模型，并结合交通检测系统模型和试验分析对其进行了改进。

第四章　现代交通测控技术概述

第一节　现代测控技术

一、现代测控技术定义

测控技术由测量和控制两部分组成，它是高科技社会下人类认识和改造世界的两项内容。测量是指采取各种方法获得反映客观事物或对象的运动属性的各种数据、记录并进行必要的处理。控制是指采取各种方法支配或约束某一事物或对象的运动过程，达到一定的目的。相应地，人们就要研制和发展测控仪器或系统以实现测量控制，与之相关的理论与技术就是测控技术。

现代测控技术是建立在计算机信息基础上的一门新兴技术，包括运用各种传感器来获得信息的计算机自动测量和计算机对信息进行处理、控制两大部分。它是自动控制、计算机科学与技术、微电子学和通信技术等多种学科、多种技术互相结合、互相渗透、综合发展的新学科领域。

二、现代测控技术的特点

现代测控系统充分利用信息化技术，通过各种传感设备、控制设备，在人工最少参与的条件下尽量以软件代替硬件，并广泛集成各种先进的检测和控制技术，如无线通信、计算机视觉、传感器网络、全球定位、虚拟仪器、最新检测理论方法等新技术，使得现代测控系统具有以下特点：

1.测控设备软件化

测控设备软件化具有很强的灵活性，能够实时更新模块，加载各种实用的算法，适应实际要求。通过计算机的测控软件，可实现测控系统的自动极性判断、自动量程切换、自动报警、过载保护、非线性补偿、多功能测试和自动巡回检测等功能。"软测量"可以大量减少设备硬件的数量,便于测控设备模块化、标准化,提高测控系统的可靠性和"软测量"功能。

2. 测控过程智能化

在现代测控系统中,计算机成为测控系统的核心,随着各种复杂算法和模型不断的优化,把它们载入计算机,实现自动控制,使现代测控系统趋向智能化的步伐加快。

3. 很强的开放性

现代测控系统采用模块化、标准化的结构,硬件可以随着技术和需要的发展而不断地更新和扩展,软件也可以随着需要而不断地升级。

4. 实时性强

随着计算机主频的快速提升和电子技术的迅猛发展,以及各种在线自诊断、自校准和决策等快速测控算法的不断涌现,现代测控系统的实时性大幅度提高,从而为现代测控系统在高速、远程以至于超实时领域的广泛应用奠定了坚实基础。

5. 可视性好

随着虚拟仪器技术的发展,可视化图形设计、交互式编程软件、图像图形化的结合以及三维虚拟技术不断成熟和广泛的应用,现代测控系统的人机交互功能更加趋向人性化、实时可视化。

6. 测控管理一体化

随着信息化普及步伐的加快,各个企业步入了信息化行业,一个企业从下订单开始,到产品包装出厂、运送,全程期间的生产计划管理、产品设计信息管理、制造加工设备控制等,既涉及对生产加工设备状态信息的在线测量,也涉及对加工生产设备行为的控制,还涉及对生产流程信息的全程跟踪管理。因此,现代测控系统向着测控管一体化方向发展,而且步伐不断加快。

三、现代测控技术的发展历程

随着测控技术、计算机技术、网络技术以及各种高科技在测控系统中的发展,测控系统的基本结构也逐步由模拟式仪表测控系统、集中式数字测控系统、集散控制式测控系统发展到分布式网络测控系统、现场总线测控系统、工业以太网及分布式测量控制管理一体化测控系统。因此,测控系统的发展一般可划分为以下几个阶段:

1. 模拟式仪表测控系统

模拟式仪表测控系统于20世纪六七十年代占主导地位。模拟式仪表控制的输入信号是连续的电压量或电流量，可以直观反映被测量值的动态变化，是最早的测控系统。由于它依赖于机械式的工作原理，其显著缺点是模拟信号精度低、易受干扰、测量范围小。

2. 集中式数字测控系统

集中式数字测控系统于20世纪七八十年代占主导地位。它采用单片机、可编程逻辑控制器、顺序逻辑控制器或者微机作为控制器，在控制器内部传输的是数字信号，因此克服了模拟仪表控制系统中模拟信号精度低的缺陷，提高了系统的抗干扰能力。集中式数字测控系统的优点是易于根据全局情况进行控制计算和判断，在控制方式、控制时间的选择上可以统一调度和安排。不足的是，对控制器本身要求很高，必须具有足够的处理能力和极高的可靠性，当系统任务增加时，控制器的效率和可靠性将急剧下降。

集中式数字测控系统具有以下特点：

①集中控制。

②一对一物理连接。

③功能单一、结构复杂，可以升级扩展。

④系统高效，可以对全局进行优化。

3. 集散控制式测控系统

集散控制式测控系统，以控制站的直接数字控制对现场的分散被控对象进行实时分散控制，而以操作站的中央管理计算机进行集中操作、显示、报警、优化控制功能等，随着计算机可靠性的提高和价格的大幅度下降，出现了数字调节器、可编程控制器以及由多个计算机递阶构成的集中、分散相结合的集散控制系统。

4. 分布式网络测控系统

20世纪90年代国际上出现了全分布式的智能化测控网络和基于网络的测试设备，其核心思想是集中管理、分散控制，即管理与控制相分离，上位机用于集中监视管理功能，若干台下位机下放分散到现场实现分布式测量与控制，上下位机之间用控制网络互连以实现相互之间的信息传递。因此，这种分布式的测控系统体系结构有力地克服了集中式数字测控系统对控制器处理能力和可靠性要求高的缺陷。这种测控系统具有良好的互操作性，系统的整体可靠性高，具有很强的开放性。

　　分布式网络测控系统是一个通过网络把分布在不同地理位置、具有独立功能的测控单元连接起来，以达到资源共享、协同工作、分散操作、集中管理、测量过程监控和设备诊断等目的的工业计算机测控网络系统。

　　分布式网络测控系统中用到3种网络分别实现不同的功能。最底层是由高速以太网（Ethernet）交换式互连各个现场测控节点构成的控制网络；中间是挂有企业其他信息模块（如人事管理系统，财务管理系统）的企业信息网，一般也由以太网技术来构造；最上面是与企业信息网通过网关连接起来的广域网，即互联网。

　　分布式网络测控系统的主要特点如下：

　　①整体自适应性好：实现分布式测量、集中控制和管理的测试目的；同时，可根据应用需要，灵活构建和定制设备的数量和规模，系统软件自动适应。

　　②系统功能强：系统中可以选用多种设备，同时可将不同设备的功能加以组合以实现系统功能多样化的需求。

　　③系统稳定度高：采用了模块化的分层设计，引入较为先进的分布式对象技术，轻松实现网络数据传输。

　　④经济性好：使昂贵的硬件设备、软件在网络内得以共享，减少了设备重复投资；同时还节约了人力资源，在日常的使用维护过程中，仅需少量的操作人员即可。

　　⑤适应性好：系统各模块相互独立，便于扩展，只需添加相应的控制程序即可增加硬件设备。

　　在分布式测控系统中，分布式控制思想的实现得益于网络技术的发展和应用，遗憾的是，不同的厂家为了达到垄断经营的目的而对其控制通信网络采用各自专用的封闭形式，不同厂家的产品之间以及其与上层互联网、互联网信息网络之间难以实现网络互联和信息共享，因此从该角度而言，这一阶段的分布式测控系统是一种封闭专用的、不具有可互操作性的，并且造价昂贵。在这种情况下，用户对网络控制系统提出了开放性和降低成本的迫切要求。

　　5. 现场总线测控系统

　　现场总线测控系统用现场总线这一开放的、具有互操作性的网络将现场各控制器及仪器仪表设备互连，连接智能现场设备与控制室内自动控制装置之间的数字式、双向、串行、多点通信的数据总线，是控制技术、仪表工业技术和计算机网络技术三者的结合，代表了工业控制体系的一种发展方向。同时控制功能彻底下放到现场，降低了安装成本和维护费用。现场总线是应用在生产现场的，在测量设备之间实现双向、串行、多点通信的数字通信系统。

现场总线把通用或专用的微处理器置入传统的测量控制仪表中，使之具有数字计算和数字通信能力，采用一定的介质（如双绞线、同轴电缆、光纤、无线、红外等）作为通信总线，按照公开、规范的通信协议，在位于现场的多个设备之间以及现场设备与远程监控计算机之间，实现数据传输和信息交换，形成各种适应实际需要的测控系统。

虽然现场总线技术发展非常迅速，但也存在许多问题，制约其应用范围的进一步扩大。

首先是现场总线的选择问题。由于现场总线的种类过多，而每种现场总线都有自己最合适的应用领域，如何在实际中根据应用对象，将不同层次的现场总线组合使用，使系统的各部分都选择最合适的现场总线，对用户来说，仍然是比较棘手的问题。

其次是高速现场总线进展缓慢。高速现场总线主要用于控制网内的互连，如连接控制计算机、可编程逻辑控制器（PLC）等智能化程度高、处理速度快的设备，以及实现低速现场总线网桥间的连接。

最后是系统集成问题。由于实际应用中一个系统很可能采用多种方式的现场总线，因此如何把工业控制网络与数据网络进行无缝的集成，从而使整个系统实现测量控制管理一体化，是一个关键环节。现场总线系统在设计网络布局时，不仅要考虑各现场节点的距离，还要考虑现场节点之间的功能关系、信息在网络上的流动情况等。出现以上问题的根本原因是现场总线的通信协议开放性是有条件的、不彻底的，以太网进入工业控制领域为有效地解决这一问题提供了方向。

6. 工业以太网及分布式测量控制管理（测控管）一体化测控系统

近年来，随着网络技术的发展，以太网进入了工业控制领域，形成了新型的以太网控制网络技术，这使得测控系统有越来越向数字化、测控管一体化发展的趋势。以太网作为工业控制总线的优越性和可能性主要表现在以下方面：有足够带宽并且进行交互式互连从而保证测控系统的实时性；采用 TCP/IP 协议从而获得通信协议的开放性；易于互联集成从而更有利于建立测控管一体化的测控系统；有成熟的以太控制网络软件以及成本低廉等。

第二节　现代交通测控系统

一、现代交通测控系统的组成

交通测控系统由各种传感器件、传输设备、信号机、通信传输系统、控制处理机（设在控制中心的中心处理机）及其外围设备、交通状况显示板和使上述设备协调工作的软件系统组成。控制人员为了直观了解道路上的交通状况和控制效果，还设有电视监视系统和控制台系统，对被控对象或系统进行实时跟踪控制。

1. 传感器

传感器用来获取道路各种交通参数，大致可以分为两类：一类用于检测车辆的存在、速度、流量、车道占有率等交通参数，以便实施有效的交通控制和管理；另一类用来检测和交通有关的道路环境条件以及驾驶员的身体状况，其目的是当出现不利的条件时，发出警告或进行必要的干预或控制。

2. 控制处理机

控制处理机用来把收集来的信号，按照一定的交通要求进行处理，并将结果进行存储、打印或形成文件。

3. 交通状况显示板

交通状况显示板将处理后的信息显示出来，以便于和人进行互通。

交通传感器将检测到的交通信息通过放大器、传输电路，送到信号机，为交通信号控制系统服务，最后送到交通控制中心，控制中心对这些交通信息按照一定的交通要求进行处理，满足一定的目的要求，再把这些信息反馈到交通现场控制器或通过显示屏显示给驾驶员。

二、现代交通测控系统的分类

现代交通测控是指运用特定的传感器收集道路状况（静态交通信息）及道路上的实时交通信息（动态交通信息），把这些收集的信息传输到控制处理机，进行分析、处理，最后把处理后的信息反馈到交通现场控制器或通过显示屏显示给驾驶员，完成对测控对象的自动检测和自动化控制。

现代交通测控系统按照任务的不同，可以分为三大类，即交通信息检测系统、交通信息控制系统和交通测控系统。

①交通信息检测系统：单纯以测试或检测为目的，主要实现静态和动态数据的采集，所以又称为数据采集系统。

②交通信息控制系统：运用已知的模型，对数据进行处理和分析，使控制对象实现预期的要求。

③交通测控系统：交通信息测控一体化的集成系统。

三、现代交通测控系统研究内容

工程上，大量的实际系统都是测控系统，都是通过对大量数据进行采集、存储、处理、传输，使控制对象实现预期要求，完成对测控对象的自动检测和自动化控制。下面从信息技术的角度分析现代交通测控系统研究的主要内容。

1. 交通信息的获取与处理

现代交通测控主要功能是对采集到的交通信号进行检测和处理，因此，传感器的信号获取与计算机信息处理是现代化交通测控系统中的重要内容。

（1）传感器技术

传感器是指把特定的被测量信息（交通流量、道路情况等）按照一定规律转换成与之对应的可输出信号的元器件或装置。如果没有传感器对被测的原始信息进行准确、可靠的捕获和转换，一切准确的测试与控制都将无法实现，即使最现代化的电子计算机，没有准确的信息（或转换可靠的数据）和不失真的输入，也将无法充分发挥其应有的作用。因此，高效的新型传感技术是当今世界发展最迅速的高新技术之一。为了适应现代科学技术的发展，新型传感器逐渐融入了诸如计算机技术、智能技术和网络技术等新技术，使其发展为结构更加完善、功能更加强大的网络化传感器。

（2）信号处理

现代交通检测系统通过各种传感器将被测量转变成电量后，获取的信号常常包含各种各样的干扰信号，会给测量的准确性带来不利的影响，因此，必须对信号进行一系列的变换、分析、综合等处理。检测系统中常用的信号处理方法有数字滤波、快速傅里叶变换（FFT）、参数估计、自适应滤波、现代谱分析及小波分析等。

2. 总线接口技术

总线（Bus）是模块与模块之间或者设备与设备之间传送信息的公共通信

干线，特点是公用性。总线是微机系统的组成基础和重要资源，也是目前自动测试系统的组成基础。随着计算机技术的发展，先后产生了一批国际标准总线。总线按其规模、功能及应用场合不同，一般分为 3 级：片内总线、内总线和外总线。人们通常所说的 PC 总线和仪器总线都是指外总线。

3. 虚拟检测技术

检测系统的发展过程可分为 3 个阶段，即模拟阶段检测系统、以计算机为核心的自动检测系统和以软件为核心的虚拟检测系统。虚拟仪器技术就是利用高性能的模块化硬件，结合高效灵活的软件来完成各种测试、测量和自动化应用的。

4. 基于数字图像处理的智能检测技术

在检测系统中，检测的关键元件是通常意义上的传感器，传感器可将非电量转换为电量及参数。但是，在某些工业生产领域，非电量的测量难以通过传统意义上的传感器来实现。随着数字图像处理技术的发展，神经网络、专家系统、模糊处理等智能信息技术的成熟，出现了一种新型的检查技术——基于数字图像处理的智能检测技术。

5. 数据融合技术

在多数传感器系统中，信息表现形式的多样性、信息容量以及信息处理速度等要求，都已大大超出了传统信息处理方法的能力，一种新的信息综合处理方法——数据融合技术便应运而生。数据融合又称多传感器信息融合，比较确切的定义可概括如下：充分利用不同时间和空间的多传感器信息资源，采用计算机技术对按时序获得的传感观测信息在一定准则下加以自动分析、综合、支配和使用，获得对被测对象的一致性解释与描述，使系统获得比它的组成部分更优越的性能。

作为一种智能化数据综合处理技术，数据融合是许多传统科学和新技术的集成与应用。广义的数据融合涉及检测技术、信号处理、通信、模式识别、决策论、不确定性理论、估计理论、最优化理论以及计算机科学、人工智能和神经网络等诸多学科。尽管多传感器数据融合至今未形成基本的理论框架和有效的广义融合模型和算法，但有不少应用领域的研究人员根据各自的具体应用背景，已经提出了许多比较成熟且有效的融合方法。例如，基于参数估计的多传感器数据融合、自适应加权数据融合、基于认识模型的多传感器数据融合、基于算术平均值与递推估计的数据融合、基于专家系统的智能数据融合及基于神经网络的数据融合等。

6. 计算机控制系统理论与技术

经典控制理论的基本思路可以归纳为两个方面。一是直接在没有计算机的条件下在时域求解微分方程时很困难，可行的方法是在变换域对系统进行描述，这时微分方程已变为代数方程了。二是研究开环特性与闭环系统性能指标的关系，在开环频率特性上对系统进行综合，使开环频率特性满足预期频率的要求，从而保证闭环系统达到稳定、快速、准确的要求。

现代测控系统中引入了计算机后，大大扩展了系统的功能。就闭环控制而言，计算机的功能是对误差进行计算并给出控制规律，使系统在约束条件下最佳。对计算机控制系统进行分析和综合，经典控制理论已经不能适应。因为计算机的输入、输出必须是数字信号，而被控对象又往往是连续系统，所以，计算机控制系统是连续和离散系统的混合系统，这样的系统必须用离散控制系统理论或状态空间理论进行描述。离散系统理论是 Z 变换和 Z 传递函数；状态空间理论是状态变量和状态空间表达式。由此对系统进行综合分析、设计，得出计算机的控制模型，计算机运行程序给出控制规律，使得系统性能在一定意义上表现"最佳"。一个好的测控系统必须运用离散理论或现代控制理论在 Z 域或时域进行系统分析、综合设计，由程序实现。离散控制系统理论或现代控制理论特别适合多变量输入和多变量输出的系统，为现代控制系统实现复杂控制规律和大系统控制提供了崭新的理论和技术。

7. 智能控制理论和技术

智能控制的概念和理论是针对被控对象、环境、控制目标或任务的复杂性提出来的。被控对象的复杂性表现为模型的不确定性、高度非线性、分布式的传感器和执行器、复杂的信息模式、庞大的数据量，以及严格的特性指标。环境的复杂性主要是以其变化的不确定性和难以辨识为特征的。在传统的控制中往往将控制系统作为一个"独立"的系统，而忽略环境的影响，而现在大规模复杂的控制和决策问题必须把外界环境和对象以及控制系统作为一个整体来进行分析和设计。对于控制任务或控制目标，用数字语言进行描述实际上往往是不确定的，因为控制任务和目标有多重性和时变性。一个复杂任务的确定包含任务所含信息的处理过程，需要多次反复。

智能控制系统应具有仿人的功能（学习、推理）；能适应不断变化的环境；能处理多种信息，减少不确定性；能以安全和可靠的方式进行规划，产生和执行控制的动作，获取系统总体上的最优或次优的性能指标。

目前，基于模糊推理的智能控制系统，基于神经元网络的智能控制系统，遗传算法及其在智能控制中的应用，模糊神经网络及其在智能控制中的应用，都逐渐被引入现代测控系统，使现代测控技术达到一个新的高度。

四、现代交通测控系统的发展前景

现代交通测控系统是通过先进的交通信息采集技术、数据通信技术、电子控制技术和计算机处理技术等，把采集到的各种道路交通信息和各种交通服务信息，传输到城市交通控制中心，交通控制中心对交通信息采集系统所获得的实时交通信息进行分析、处理，并利用交通控制优化模型进行交通控制策略的优化，交通信息分析、处理和优化后的交通控制方案和交通服务信息等内容通过数据通信传输设备分别传输到各种交通控制设备和交通系统的各部分，以实现对城市交通的优化控制，为各类用户提供全面的交通信息服务。它是目前世界交通运输领域研究的前沿课题，也是目前国际公认的解决城市交通拥挤、改善行车安全、提高运行效率、减少空气污染等的最佳途径。

概括地说，现代交通测控系统是由智能交通监控系统、交通信息服务系统、交通信息综合管理系统、公共交通管理系统以及紧急事件快速反应系统组成的。

现代交通控制系统今后将从被动系统向主动系统发展。所谓主动系统即按程序运行系统。主动系统的中心处理机可直接掌握控制区域内每辆车的出发点和要去的目的地，并为其选择最佳路径。在控制方法上，将改变定周期的系统控制，使系统内的周期可随时改变，增加系统的灵活性，以适应瞬时变化的交通流量。在控制设备上，将广泛采用大规模集成的电子化设备和微型计算机。城市道路交通控制出现了一些相对实用的交通控制系统，比较有代表性并且在交通实践中取得较好应用效果的有交通网络研究工具（TRANSYT），绿信比、周期和相位相差优化技术（SCOOT），悉尼自适应交通控制系统（SCATS）等。

第三节　现代交通测控方式

现代交通测控方式主要包含交通检测和交通控制两方面的内容。交通检测技术就是为交通控制提供输入量，是交通测控的前提。交通控制是根据交通检测得到的交通信息，通过电子计算机管理的交通控制设施对交通流进行实时限制、调节、诱导、分流以达到降低交通总量，疏导交通及对道路情况进行实时的报道来达到保障交通安全与畅通的目的。

一、交通信息检测方式

交通信息根据信息变动的频率划分为静态交通信息和动态交通信息。

静态交通信息主要是指标识交通系统中如高速公路、城市道路、公路设施、停车场分布等常规组成部分的性能、特征和指标的信息。这些信息在相当长的时间内是相对稳定的，如道路网信息、交通管理设施、交通管理者等交通基础设施信息。静态交通信息由交通状态、空间位置和环境 3 个属性构成。

动态交通信息主要是指公路和城市道路上所有移动物体所具有的特定信息，这些信息根据实际交通状况时刻变化。它由交通状态、空间位置、时间和环境 4 个属性构成。其主要包括网络交通流状态特征信息（流量、速度、占有率等）、交通紧急事故信息、环境状况信息、交通动态控制管理信息等。或者说，动态交通信息是指实时道路交通流信息、实时交通控制状态信息、实时交通环境信息等时空上相对变化的信息。

1. 静态交通信息的检测方式

静态交通信息是交通管理的客观条件或控制对象，是在一定时间范围内基本没有变化的信息，其特点是信息量大、变化范围小且不明显。交通管理的目的就是要在这个客观条件的基础上，使交通流合理分布，有序、均衡地运动。静态交通信息的检测方式主要有以下两种：

（1）调查法

采用人工或测量仪器进行调查，可获取城市基础地理信息、道路网基础信息、道路交通管制信息等。道路交通管制信息包括单行线、禁止转弯、车辆限行等交通限制信息，其中分时段的交通限制信息是半动态交通信息，可以通过交通指挥中心和人工调查方式获得。人工调查法简单易行，但是进行长时间的观测比较困难，需要大量的人力和物力，且在长时间观测时，由于工作单调、易于疲劳，故很难保证实测质量，误差较大。测量仪器调查也需要大量的人工操作，与人的技术水平、调查条件、环境等因素密切相关，因此，这种方法存在着大量的误差甚至错误，而且安全性也不高。

（2）从其他部门或系统获取

静态交通信息的获取可通过土地管理部门、测绘部门、规划部门、城建部门、市政单位、公安交通管理等部门获得。现阶段，我国这些部门相对独立，尚没有统一的组织协调，要想全面系统地取得所需要的交通信息，往往存在较大困难。因此应该建立一个专门的组织机构进行协调和统一规划，以降低交通信息的采集和管理成本，实现信息共享，达到迅速、详细、精确地获取所需信息的目的。

2. 动态交通信息的检测方式

动态交通信息的获取比较复杂，一般不同的动态交通参数有不同的检测方式。对于路网交通流状态特征信息的获取，可采用各种交通检测器检测，如采用磁频车辆检测器、波频车辆检测器、视频车辆检测器等来进行检测。对于交通紧急事故（件）信息，可通过以下几种检测方式获取：驾驶员呼救系统；警察巡逻和服务巡逻；122报警或电话报警；无线电广播；电视监视；航空监视；交通检测器监视。以上7种方式中的前6种属于人工采集或者人工利用电子设施进行采集，最后一种检测方式属于运用各种车辆检测器进行自动检测的方式。前6种检测方式尤其是电视监视方式通过直观的视频图像可以很快确定交通事件的性质，以便做出快速响应，这种方式的主要缺点是安装和维修费用较高，需要有经验的操作员对电视屏幕进行连续监视，所需费用很高；而交通检测器检测事件，是通过安装在道路关键位置上的检测器对交通参数（交通流量、车速、车道占有率）进行连续、实时监测的，是根据交通参数在事件地点上、下游的变化来判断交通事件的发生的。这种方法的优点是以较低的运行费用，提供整个道路网的连续监视能力；其缺点是难以鉴别事件的性质，需要进一步跟踪监视，以确定需要做出什么响应。

对于道路环境状况信息，可通过气象检测器、积雪厚度检测器、路况数据采集系统、道路图像数据采集系统等设备和系统获取。

二、交通信号控制方式

交通信号控制系统包括许多不同的内容，如数据采集、数据分析、控制策略、控制技术以及传送信息给驾驶员等。其控制策略也不一样，常用的交通信号控制方式有单点控制、线控制、面控制方式。

1. 单点控制

交通信号单点控制，又称"点控"，用于单个信号的路口，属于孤立交叉口的信号控制。根据交叉口的流量和流向，确定最佳配时方案，可保证最大通行能力或最小延误。交通信号单点控制分为定时控制、感应式控制和按钮式控制。

（1）定时控制

交通信号定时控制也称周期控制，属于自动控制。配时参数的各种组合，构成不同的信号配时方案。

①单点定时周期控制。预先调整信号机的控制相位、周期长度和绿信比，根据设计好的程序轮流给各方向的车辆和行人分配通行权，控制不同方向的交通流。

②多段定时周期控制。若一天当中各时间段的交通量相差较大，则应采用多套配时方案。根据一天内不同时段交通量的变化，选择相应的配时方案，以适应交通流变化的需要。

定时控制方式适用于那些交通量不大、变化较稳定、相隔距离较远的交叉口。

（2）感应式控制

感应式控制是指根据车辆感应器提供的信息调整周期长度和绿灯时间。它可以更好地适应交通量的变化，减少延误，提高交叉口的通行能力，特别适用于各方向交通量明显随时间变化较大且无规律的交叉路口。它的主要形式有以下两种。

①半感应式控制。半感应式控制是指在部分进口道上设置车辆感应器，通常设在次要路口。平时主干道维持长绿信号，只有当支路上有车辆到达交叉口时，才给以通行权。这种控制适用于主干道上交通量特别大，而支路上流量较小的交叉口。

②全感应式控制。主感应式控制是指所有进口道上都安装车辆感应器。当主干道和支道的交通量都比较小时，主、支道入口的信号均维持最短绿灯时间，此时它相当于定时周期控制；当交通量较大时，可自动延长绿灯时间。全感应式控制适用于相交道路的交通流量都比较大且都不稳定的情况。

（3）按钮式控制

按钮式控制属于人工控制，它适用于支线路口或非交叉口的人行横道处。平时主干道路是绿灯信号，支线路口来车或有行人横穿道路时，可按一下路旁与信号机相连的开关（有的设计为遥控开关），则绿灯变为红灯。这种控制方式，适用于支线路口车辆或行人较少的道路。

2. 线控制

线控制方式是把干道上若干连续交叉路口的交通信号连接起来，同时对各交叉路口设计一种相互协调的配时方案，各交叉路口的信号灯联合运行，使车辆通过第一个交叉路口后，按一定的车速行驶，到达后面各交叉路口时均可遇到绿灯，大大减少车辆的停车次数与延误。线控制往往是面控制系统中的一个组成部分，是面控系统的一种简化形式。线控制有 3 个基本参数，即信号周期、绿信比和相位差。相位差是相邻两个交叉口的信号机同方向绿灯开启时间差与周期之比。实现线控制的系统有以下两种：

其一，有电缆线控制系统。系统设有主控制器，预先编好的各种控制模型存储在主控制器内，主控制器通过传输电缆把控制指令发给各交叉口上的信号机，使其按控制模型的要求变换灯色；同时收集车辆检测器所提供的交通情报，并进行处理。

其二，无电缆线控制系统。这种系统不设主控制器，各种控制模型分别存储在各交叉口的信号机内。这些信号机都装有高精度的石英晶体钟，用统一的时间而相互协调一致，按预定的控制模型运行。

线控制系统根据功能又可分为以下三种：

其一，单时段线控制系统。整个系统只有一种周期、绿信比和相位差，只能组合成一种控制模型。系统只按一种控制模型工作，不能适应经常变化的交通流量，这是早期发展的一种简单线控制系统。

其二，多时段线控制系统。它具有多种周期、绿信比和相位差，可组成多种控制模型，并能按时间自动变换，以适应交通流量的变化。

其三，感应式线控制系统。它具有电缆控制系统所具有的控制功能。主控制器内存储多种控制模型，根据车辆检测器所检测到的交通量大小，实时地改变控制模型。普遍应用的线控制模型有同时式、交变式、推进式等几种，其基本原理是在各交叉口信号周期统一的前提下，适当调整各信号机的绿信比和相互间的相位差，使被控制的干道上形成"绿波带"，让车辆在行驶中减少遇到红灯的次数，从而提高干道的通行能力。

采用这种控制一般要具备下列条件：

①纳入控制系统的交叉口，应采用相同的信号周期。

②必须具有相同的时间基准，保证相位差的稳定。

③交叉口之间应有较大的关联性，通常相邻交叉路口之间的距离不超过800m。

④信号协调控制器分为主控制器的协调控制和无电缆协调控制两类。

3. 面控制

交通信号面控制也称"区域控制"或"网络协调控制"，是把某一区域内的全部交通信号纳入一个指挥中心管理下的一套整体控制系统，是单点信号、干道信号和网络信号系统的综合控制系统。其优点：可获得全区域整体控制效益；可因地制宜地选用合适的控制方法；可有效、经济地使用设备。

交通信号面控制系统：按控制策略可分为定时式脱机操作控制系统和感应式联机操作控制系统；按控制方式可分为方案选择方式和方案形成方式；按控制结构可分为集中式计算机控制结构和分层式计算机控制结构。

（1）定时式脱机操作控制系统

国际上应用较广的是 TRANSYT 系统，这种系统利用交通流历史及现状统计数据，进行脱机优化处理，得出多时段的最优信号配时方案，编入计算机控制程序，对整个区域的交通实施多时段定时控制。它由交通模型和优化程序两部分组成。

（2）感应式联机操作控制系统

感应式联机操作控制系统是一种能够适应交通流量变化的"自适应控制系统"，也叫"动态响应控制系统"。在控制区交通网中设置车辆感应器，实时采集交通数据并实施联机最优控制。自适应控制系统结构复杂、投资高，对设备可靠性要求高，但能较好地适应交通流的随机变化。目前，国内使用的自适应控制系统主要如下：

①SCATS 系统。SCATS 控制系统是一种方案选择式实时自适应控制系统。它是一种用感应控制对配时参数可做局部调整的方案选择系统，即预先设计一套与交通流量等级对应的最佳配时参数组合，将其存于中央控制计算机中。中央控制计算机通过设在各个路口的车辆感应器反馈的车流通过量数据，自动选择合适的配时参数，并根据所选定的配时参数组合实行对路网交通信号的实时控制。SCATS 的控制结构用的是分层式三级控制：中央监控中心—地区控制中心—信号控制机。

②SCOOT 系统。SCOOT 系统是方案生成式实时自适应控制系统，是一种实时交通状况模拟系统。它与方案选择式实时自适应控制系统的区别在于：不需要先存储任何既定的配时方案，也不需要预先确定一套配时参数与交通流量的对应组合关系。方案生成式实时自适应控制系统通过安装于各交叉路口每条进口道上游的车辆感应器采集车辆到达信息，通过联机处理形成控制方案，连续地实时调整绿信比、周期时长和绿时差3个参数，使之与变化的交通流相适应。因此，它可以保证整个路网在任何时段都在最佳配时方案下运行。

第五章　现代交通测控技术基础

交通测控技术与道路交通管理、道路交通运输发展密切相关。要对道路交通实施科学、高效的管理，首先必须全面实时地检测和收集道路交通相关信息，为交通管理决策提供依据。交通信息采集与传输的实时性、全面性和可靠性是道路交通管理的必要前提，没有系统、全面、准确、可靠的交通信息，没有方便、快捷、安全的信息传输方式，就不可能实现对道路交通系统的有效控制和管理。而交通信息的自动采集，是通过传感器技术与检测技术实现的。因此，研究如何准确、实时地采集交通信息，如何合理选择交通检测器，如何选择经济合理的信息传输方式成为现代交通当前研究的重点。

第一节　交通检测传感器

一、传感器概述

随着社会的进步，科学技术的发展，尤其是近 20 年来，电子信息技术的迅速发展，电子信息设备的种类日益繁多，信息传递速度日益加快，信息处理能力日益增强，相应的信息采集——传感技术日益发展，传感器在科技信息领域已经变得举足轻重。传感器技术是现代信息技术中的主要技术之一，在国民经济建设中占据极其重要的地位。新型传感器与计算机相结合，不但使计算机的应用进入了崭新阶段，也为传感器技术提供了一个更加广阔的应用领域和发展前景。

传感器技术是涉及传感原理、敏感器件设计、传感器系统开发和应用的组合技术。而传感技术的含义则更加广泛，它是敏感功能材料学、传感器技术与系统、微机电加工技术、微型计算机技术、现代通信技术等多学科相互交叉渗透而形成的一门新技术学科。传感技术是现代科技的前沿技术，其水平高低是衡量一个国家科技发展水平先进与否的重要标志之一。它不仅是国民经济优先发展的重点技术，也是智能交通的基础之一。其特点如下：属边缘学科；产品、产业分散，涉及面广；功能、工艺要求复杂，技术指标不断提高；性能稳定、测试精确。

传感器是检测、控制系统中的信息敏感和检测部件，是自动化系统和信息系统的关键性基础器件，其技术水平直接影响到自动化系统和信息系统的水平，传感器的好坏对系统质量起着决定性作用。在自动控制领域中，自动化程度越高，控制系统对传感器的依赖性就越大，因此，传感器对控制系统功能的正常发挥起着决定性的作用。

因此，随着科技信息技术的飞速发展，作为现代信息技术的三大核心技术之一的传感技术，已成为实现信息化的关键技术，它是人类探知自然界信息的触觉，是人类认识和控制对象的条件和依据，是 21 世纪世界各国在高新技术发展方面争夺的一个重要领域。

1. 传感器定义

传感器是能感受规定的被测量并按照一定的规律转换成可用输出信号的器件或装置。或者说，传感器是以一定的精度和规律把被测量转换为与之有确定关系的、便于应用的某种物理量的测量装置。

根据传感器定义可以分析出它具有以下几层含义：

①传感器是测量装置，能完成检测任务。

②它的输入量是某一被测量，可以是物理量（如长度、热量、力、电压、时间、频率等），也可以是化学量、生物量等。

③它的输出量是某种物理量，这种量要便于传输、转换、处理、显示等，可以是气压、光照度、电量等，主要是电量。

④输出与输入有一定的对应关系，且具有一定的精确度。

2. 传感器的组成

传感器通常由敏感元件、转换元件和转换电路 3 部分组成。

（1）敏感元件

敏感元件能直接感受被测量，输出与被测量成确定关系。敏感元件是传感器的核心，它的作用是直接感受被测物理量，并将信号进行必要的转换输出。如应变式压力传感器的弹性膜片是敏感元件，它的作用是将压力转换为弹性膜片的形变，并将弹性膜片的形变转换为电阻的变化而输出。

（2）转换元件

转换元件指传感器中能将敏感元件感受（或响应）的被测量转换成适于传输和（或）测量的电信号部分。或者说，敏感元件的输出就是转换元件的输入，它把输入转换成电量参量，如电阻应变片、光电元件、霍尔元件等。转换元件一般利用各种物理、化学效应等原理制成。

（3）转换电路

转换电路是能把转换元件输出的电量信号转换为便于处理、显示、记录或控制的有用的电信号的电路。

实际上，不同类型的传感器组成也不同，有些传感器比较简单，最简单的传感器由一个敏感元件（兼转换元件）组成，它将感受到的被测量直接转换为输出电量，如热电偶、光电池等。有些传感器比较复杂，大多数传感器是开环系统，也有部分是带反馈的闭环系统。有些传感器由敏感元件和转换元件组成，没有转换电路，不需要转换电路就有较大信号输出，如压电式加速度传感器、磁电式传感器等。有些传感器由敏感元件、转换元件及转换电路组成，甚至其元件还不止一个，要经过若干次转换。因此，传感器的组成视其功能的不同有较大的差异。

3. 传感器的分类

用于测控技术的传感器种类繁多，一种物理量可以用不同类型的传感器来检测，而同一种类型的传感器也可测量不同的物理量。所以，传感器的分类方法也很多，目前还没有统一的分类方法，一般常用的分类方法有以下几种：

① 按传感器的工作原理，可分为物理型、化学型和生物型传感器。

物理型传感器应用的是物理效应，如压电、磁致伸缩、离化、极化、热电、光电、磁电等效应，被测信号量的微小变化都将转换成电信号，如电阻式、电感式、压电式、热电式等。

化学型传感器包括那些以化学吸附、电化学反应等现象为因果关系的传感器，被测信号量的微小变化也将转换成电信号。

生物型传感器是利用生物功能检测各种特定的参数的。生物传感器定义为"使用固定化的生物分子结合换能器，用来侦测生物体内或生物体外环境化学物质或与之起特异性交互作用后产生响应的一种装置"。

这种分类方法以传感器的变换原理作为分类依据，适合于传感器的科研与制造，其缺点是用户选用传感器时会感到不够方便。

② 按能量的传递方式，可分为能量控制型（无源传感器）、能量变换型（有

源传感器）和能量传递型（间接传感器）传感器。

能量控制型传感器是从外部供给辅助能量使其工作的，并由被测量来控制外部供给能量的变化，即传感器不起换能作用，被测物理量仅对传感器中的能量起控制作用（或调制作用）。例如，电感式测微仪、电容式测振仪等均属此种类型。能量控制型的另一种形式是被测对象对激励信号的响应，它反映了被测对象的性质或状态，如超声波探伤、用射线测残余应力、用激光散斑技术测量应变等。这类传感器的测量电路常用电桥电路或谐振电路等。

能量变换型传感器是直接由被测对象输入能量使其工作的，如热电偶温度计、弹性压力计等。但由于这类传感器是被测对象与传感器之间的能量传输，因此，必然导致被测对象状态的变化，从而造成测量误差。

③按输入量，可分为温度、压力、位移、速度、湿度等传感器。这种分类方法阐明了传感器的用途，给使用者提供了方便，使大家容易根据被测量对象来选择所需的传感器。

④按输出量，可分为模拟传感器、数字传感器和开关传感器。

模拟传感器将输入被测量（通常为连续量）转换成与之对应的输出量，或转换成高频电振荡的幅值（或频率、相位）与之对应的输出量。

数字传感器将被测非电量直接转换成脉冲、频率或二进制码输出。

开关传感器指当一个被测量的信号达到某个特定的阈值时，传感器相应输出一个设定的低电平或高电平信号。

⑤按信号变换特征，可分为结构型和物性型传感器。

结构型传感器是依靠传感器结构参数的变化而实现信号转换的。例如，电容式传感器依靠极板间距离变化引起电容量变化；电感式传感器依靠衔铁位移引起自感或互感变化等。

物性型传感器则是依靠敏感元件材料本身物理性质的变化来实现信号变换的。例如，利用水银的热胀冷缩现象制成水银温度计来测温、利用石英晶体的压电效应制成压电测力计等。

⑥按转换过程是否可逆，可分为双向传感器、单向传感器。

4. 传感器的性能要求与应用

（1）传感器的性能要求

无论何种传感器，作为测量与控制系统的首要环节，尽管它们的原理和结构不同，使用环境、条件、目的也不同，其技术指标也不尽相同，但它们的基本要求却是相同的。其具体性能要求如下：

①灵敏度高，输入和输出之间应具有较好的线性关系。

②噪声小，并且具有抗外部噪声的性能。

③滞后、漂移误差小。

④动态特性良好。

⑤在接入测量系统时，对被测量不产生影响。

⑥功耗小，复现性好，有互换性。

⑦防水及抗腐蚀等性能好，能长期使用。

⑧结构简单，容易维修和矫正。

⑨低成本、通用性强。

（2）传感器的应用

传感器是实现自动检测和自动控制的首要环节，如果没有传感器对原始参数进行精确可靠的测量，那么最佳数据的显示与控制，将成为一句空话。可以说，没有精确可靠的传感器，就没有精确可靠的自动检测和控制。因此，传感器是获取外界信息的重要工具，传感器技术已成为实现信息化的关键技术。目前，传感器技术已涉及军事、航天、航空、气象、信息、交通、医疗、环保、安保、建筑、制造等国防和国民经济的各个领域。概括起来，传感器的应用主要表现在以下3个方面。

①信息的收集。科学研究的计量测试、产品制造与销售中所需的计量等，都需通过测量获得准确的定量数据。对某种特定的检测目标物存在或状态的判别，需要内传感器把某些状态信息转换为数据。对系统或装置的运行状态监测与安全管理，有赖于传感器发现异常情况，以便发出警告、启动保护电路。判断产品是否合格或人体部位的疾病诊断等，则需用传感器来测量完成。

②信息数据的交换。信息数据的转换是指把文字、符号、代码、图形等多种信息记录在纸、胶片、盘片、磁卡或其他载体上的信号数据转换成计算机、传真机等易处理的信号数据，或读出记录在各种媒介上的信息并进行转换，如磁盘与光盘的信息读出磁头就是一种传感器。

③控制信息的采集。控制信息的采集是指检测控制系统处于某种状态的信息，并由此控制系统的状态或者跟踪系统变化的目标值。

传感器在道路交通自动控制系统中也是少不了的。例如，各个路口、路段上的交通流量、车速、车道占有率等交通参数的统计，都需要用传感器构成的检测系统检测，然后发送到控制中心的计算机中，计算机通过分析处理再进行优化调整信号配时，疏导路口车辆。否则，控制系统就好像盲人一样，对道路情况一无所知，根本无法进行控制。

5. 传感器的发展趋势

在各种新兴科学技术呈辐射状广泛渗透的当今社会，传感器是人们快速获取、分析和利用有效信息的基础，其必将进一步得到现代科技领域的普遍关注。由于社会进一步的信息化需求，高技术产业的迅速发展，必将使传感器产生以下发展趋势。

（1）加速开发新型敏感材料

通过微电子、光电子、生物化学、信息处理等各种学科，各种新技术的互相渗透和综合利用，可望研制出一批基于新型敏感材料的先进传感器。随着科学技术的不断进步将有更多的新型材料诞生。

（2）向高精度发展

研制出灵敏度高、精确度高、响应速度快、互换性好的新型传感器可以确保生产自动化的可靠性。

（3）向微型化发展

通过发展新的材料及加工技术实现传感器的微型化仍将是目前研究的热点。就当前技术发展现状来看，微型传感器已应用于大量不同应用领域，如位移、速度、加速度、压力、应力、应变、声、光、电、磁、热、pH 值、离子浓度及生物分子浓度等。

（4）向微功耗及无源化发展

传感器一般都是非电量向电量的转化，工作时离不开电源，在野外现场或远离电网的地方，往往用电池或用太阳能等供电，开发微功耗的传感器及无源传感器是必然的发展方向，这样既可以节省能源又可以提高系统寿命。

（5）向集成化和多功能化发展

传感器的集成化分为传感器本身的集成化和传感器与后续电路的集成化。前者是在同一芯片上，或将众多同一类型的单个传感器件集成为一维线型、二维阵列（面）型传感器，使传感器的检测参数由点到面，甚至能加上时序，变单参数检测为多参数检测；后者是将传感器与调理、补偿等电路集成一体化，使传感器由单一的信号变换功能，扩展为兼有放大、运算、干扰补偿等功能。

（6）向数字化和智能化发展

智能化传感器是指那些装有微处理器的，不但能够执行信息处理和信息存储，而且还能够进行逻辑思考和结论判断的传感器。这一类传感器就相当于是微型机与传感器的综合体一样，其主要组成部分包括主传感器、辅助传感器及微型机的硬件设备。

（7）向系统化和网络化发展

传感器的系统化和网络化是必然的。智能化传感器的发展为传感器测控网络的实现提供了技术基础，网络技术和传感器技术的结合，使传感器随着无所不在的计算机网络的发展而发展。这种技术上的飞跃不仅使传感器的性能大大提高，而且将带来高额的技术附加值。要实现无所不在的参数检测，传感器向网络化发展将成为今后研究的热点，它将为系统的扩充提供极大的方便，减少现场布线的复杂性和电缆的数量。网络传感器以嵌入式微处理器为核心，是集成了传感器、信号处理器和网络接口的新一代传感器。在网络传感器中，采用嵌入式技术和集成技术，使传感器的体积减小，抗干扰性能和可靠性提高；微处理器的引入使网络化传感器成为硬件和软件的结合体，根据输入信号进行判断、决策、自动修正和补偿，提高了控制系统的实时性和可靠性；网络接口技术的应用为系统的扩充提供了极大的方便，减少了现场布线的复杂性和电缆的数量。

二、压电式传感器

压电式传感器是一种自发电式传感器，它以某些介质材料（如石英晶体、压电陶瓷等）的压电效应为转换原理，是一种典型的有源传感器，也是一种既可以将机械能转换为电能，又可以将电能转化为机械能的可逆型换能器。它具有自生信号、输出高、工作频带宽、体积小、质量小、结构坚固、工作可靠等特点。

1. 压电效应

压电式传感器的工作原理是基于某些晶体的压电效应。当某些电介质受到一定方向的压力或拉力而产生变形时，其内部将发生极化现象，同时在它的两个相对表面上出现正负相反的电荷，若外力去掉时，它们又恢复回到不带电状态，这种物理现象称为正压电效应。反之，在电介质两个电极面上，加以交流电压，压电元件会产生机械振动，当去掉交流电压，振动消失，这种物理现象称为逆压电效应，也可称为电致伸缩效应。利用正压电效应可制成引爆器、防盗装置、声控装置、超声波接收器等，利用逆压电效应可制成晶体振荡器、超声波发送器等。

具有压电效应的物质很多，如天然形成的石英晶体、人工制造的压电陶瓷等。现以压电陶瓷材料（元件）为例说明压电效应。

压电陶瓷是人工制造的多晶体压电材料，它具有类似铁磁材料磁畴结构的电畴结构。电畴是分子自发形成的区域，它有一定的极化方向，因而存在一定的电场。在无外电场作用时，各个电畴在晶体中杂乱分布，它们的极化效应被相互抵消了，因此，原始的压电陶瓷呈中性，不具有压电性质，是非压电体。经过极化处理后，陶瓷材料内部仍存在着剩余极化强度，当压电陶瓷受到外力的作用时，电畴的界限发生移动，引起极化强度的变化，于是在垂直于极化方向的平面上就会出现电荷，产生了压电效应，这就是压电陶瓷具有压电效应的原因。

极化就是以强电场使压电陶瓷内部"电畴"呈规则排列，从而呈现出压电性。在极化电场去除后，电畴基本保持不变，余下了很强的剩余极化。在极化方向上，各向同性受到破坏，但在垂直于极化方向的平面上，仍保持各向同性。

2. 压电材料（压电元件）

具有压电效应的材料称为压电材料，压电材料能实现机－电能量相互转换。

（1）石英晶体

石英晶体有大自然和人工培养两种类型。人工培养的石英晶体的物理、化学性质几乎与天然石英晶体无多大区别，因此目前广泛应用成本较低的人造石英晶体。它在几百摄氏度的温度范围内，压电系数不随温度而变化。石英晶体的居里温度为 573℃，即到 573℃时，它将完全丧失压电性质。它有很大的机械强度和稳定的机械性能，没有热释电效应，但灵敏度很低，介电常数小，因此逐渐被其他压电材料所代替。

（2）水溶性压电晶体

水溶性压电晶体有酒石酸钾钠、硫酸锂、磷酸二氢钾等。水溶性压电晶体具有较高的压电灵敏度和介电常数，但易于受潮，机械强度也较低，只适用于室温和湿度低的环境下。

（3）铌酸锂晶体

铌酸锂是一种透明单晶，熔点为 1240℃，居里点为 1140℃。它具有良好的压电性能和时间稳定性，在耐高温传感器上有广泛的应用。

（4）压电陶瓷

压电陶瓷是一种应用最普遍的压电材料，具有烧制方便、耐湿、耐高温、易于形成等特点。

（5）压电半导体

压电半导体既具有半导体特性又同时具有压电性能，如 ZnS、CaS 等。因此既可利用它的压电特性研制传感器，又可利用其半导体特性以微电子技术制成电子器件。两者结合起来，就出现了集转换元件与电子线路为一体的新型传感器，它的前景是非常远大的。

选取合适的压电材料是压电式传感器的关键，压电材料的选取一般会考虑以下几个重要特性：

①具有较大的压电常数。

②压电元件的机械强度强、刚度大，并具有较高的固有振动频率。

③具有较高的电阻率和较大的介电常数，以期减少电荷的泄漏以及外部分布电容的影响，获得良好的低频特性。

④具有较高的居里点。

⑤压电材料的压电特性不随时间而变，有较好的时间稳定性。

3. 压电元件常用结构形式

在实际使用中，如仅用单片压电元件工作的话，要产生足够的表面电荷就需要很大的作用力，因此，一般采用两片或两片以上压电元件组合在一起使用。

压电元件常用的结构形式（连接方式）有两种：并联连接和串联连接。并联连接是将两个压电元件的负极集中在中间极板上，正极在上下两边并连接在一起。并联接法输出电荷大，本身电容大，因此时间常数也大，适用于测量慢变信号和电荷量作为输出的场合。串联连接将上极板为正极，下极板为负极，中间是一元件的负极与另一元件的正极相连接。串联接法输出电压高，本身电容小，适用于以电压作为输出值以及测量电路输入阻抗很高的场合。

三、光电传感器

光电传感器是将被测量的光信号（如光强、光频率等）变化转换成电信号的一种传感器件。它是目前产量最多应用最广的传感器之一，大量应用于智能设备、自动控制、导航系统等各领域。其在交通检测中的应用也较多，如用来对交通参数进行检测的光电式车辆检测器。

1. 光电效应

光电效应分两大类：外光电效应和内光电效应。

（1）外光电效应

在光线的作用下，物体内的电子逸出物体表面向外发射的现象叫作外光电效应，向外发射的电子叫光电子。基于这种效应的光器件有光电管、光电倍增管等。

（2）内光电效应

当光照射在物体上，使物体的电导率发生变化，引发物质电化学性质变化叫内光电效应。它又可分为光导效应和光生伏效应。

①光导效应。当光照射到半导体物质上时，该物质的电导率增大，这种现象称光导效应。基于这种效应的光电器件主要有光敏电阻和光导管。

②光生伏效应。物体受光照射产生一定方向电动势的现象称光生伏效应。基于该效应的光电器件有光电池和光敏晶体管。

2. 光电传感器

（1）光电传感器的基本组成

光电传感器是以光为媒介、以光电效应为基础的传感器，主要由光源、光学通路、光电器件及测量电路等组成。光源可采用白炽灯、气体放电灯、激光器、发光二极管等，即能发射可见光谱、紫外线光谱和红外线光谱的器件都可以作为光源。光学通路的常用器件有透镜、滤光片、棱镜、反射镜、光通量调制器、光栅及光纤等，主要是对光参数进行选择、调整和处理。光电器件的作用是检测照射在其上的光通量的。

（2）光电传感器的分类

按照光电元件接收的光通量变化的形式，光电传感器可分为以下几类：

①吸收式。光源发出一定的光通量，穿过被测对象，部分被吸收，其余到达光敏元件，转变为电信号输出。测量液体、气体和固体的透明度和浑浊度就是这类的例子。

②辐射式。光源本身就是被测对象，被测对象发出的光通量强弱与被测参量（如温度）的高低有关，光电器件接收的光就可确定被测量的大小。光电传感器中光电流的变化是被测对象发出光通量的函数。

③反射式。光源发出一定的光通量到被测对象，由于物体性质或状态损失了一部分光通量，余下部分反射到光敏元件上。

④遮挡式。光源发出一定的光通量，射到光敏器件上，光路途中遇到了被测对象遮挡了一部分光，由此改变了光敏器件的光通量，利用此原理可测量物体面积、尺寸和位移等参量。光电式车辆检测器的使用基于该原理。

⑤开关式。光源与光敏元件间的光路上有物体时，光路被遮断，没有物体时光路畅通。光敏器件上表现出有光就有电信号，无光则无电信号，仅为"有"或"无"的两种状态，简言之，就是"通"与"断"的开关状态。其用途形式有 3 种：开关、计数、编码。

四、电涡流式传感器

电涡流式传感器是利用电涡流效应原理来工作的。可对一些参数进行非接触的连续测量是这类传感器的最大特点，同时它还具有结构简单、灵敏度高、频率响应宽、抗干扰能力强、测量线性范围大、体积较小等特点。在交通检测技术中，用它构成环形线圈感应式车辆检测器，进行交通参数的检测，是一种很有发展前途的检测方法。

1. 电涡流传感器原理

当成块的金属置于变化着的磁场中或者在磁场中运动时，金属体内都要产生感应电动势形成电流，这种电流在金属体内是闭合的，称为涡流。由于产生的电涡流要消耗一部分磁场能量，从而使磁场的励磁线圈阻抗发生变化，这种现象称为电涡流效应。它是将一些非电量转换为阻抗的变化（或电感的变化），从而进行非电量测量的。

2. 电涡流传感器的应用

电涡流式传感器最大的特点是能对位移、振动、转速、厚度、硬度、温度以及探伤进行非接触式连续测量，另外还具有体积小、灵敏度高、频率响应宽等特点，应用极其广泛。

常用于以下几方面：可以测位移、厚度、振动、转速等，也可做成接近开关、计数器等；可以测量温度、判别材质；可以测应力、硬度等；可以做成探伤装置等。

五、微波传感器

1. 微波及其特性

微波是一种能在真空或空气中直线传播，波长范围为 1mm ～ 1m 的高频电磁波。微波具有电磁波的特性，但又与普通的无线电波及光波不同，它的传播速度接近或等于光速，具有较好的定向辐射性能，穿透能力强、抗干扰性好、能被某些物质吸收，传输中受火焰、烟雾、光的影响很小，介质的波的吸收正比于介质的介电常数，而水的介电常数较大，所以对微波的吸收很强。微波不仅会有一部分被介质吸收，而且会被反射，特别是遇到导体时几乎全部反射。

更为重要的是，微波具有多普勒效应。多普勒效应是 1842 年奥地利物理学家和数学家约翰·多普勒首先提出的，该理论提出，当微波被运动的物体所反射时，微波的频率会变化，其频率变化的大小与运动物体的速度有关，这一现象称为多普勒效应。利用此效应可以检测运动物体的速度。

2. 微波传感器及应用

（1）微波传感器工作原理及检测方式

微波传感器是利用微波特性来检测某些物理量的器件或装置。由发射天线发出微波，微波遇到被测物体时将被吸收或反射，使微波功率发生变化。若利用接收天线，接收到通过被测物体或由被测物体反射回来的微波，并将它转换成电信号，再经过信号电路处理，并根据发射与接收时间差，即可显示出被测量，实现了微波检测。根据上述原理制成的微波传感器可以分为以下两类：

①反射式微波传感器。反射式微波传感器通过检测被测物反射回来的微波功率或经过的时间间隔来测量被测物的位置、厚度等参数。

②遮断式微波传感器。遮断式微波传感器通过检测接收天线接收到的微波功率大小来判断发射天线与接收天线之间有无被测物或被测物的位置与含水率等参数。

（2）微波传感器的结构

微波传感器主要由微波振荡器和微波天线组成。

①微波振荡器。微波振荡器是产生微波的装置。由于微波的波长很短，而频率又很高，要求振荡回路具有非常微小的电感和电容，因此不能用普通的电子管与晶体管构成微波振荡器。

②微波天线。由微波振荡器产生的振荡信号需要用波导管（波长为10cm以上可用同轴电缆）传输，并通过天线发射出去。为了使发射的微波具有尖锐的方向性，天线必须具有特殊的结构。常用的微波天线有喇叭形天线、抛物面天线等。

喇叭形天线结构简单，制造方便，它可看作波导管的延续。喇叭形天线在波导管与敞开的空间之间起匹配作用，可以获得最大能量输出。抛物面天线好像凹面镜可产生平行光，因此使微波发射的方向性得到改善。

（3）微波传感器的特点

①可以实现非接触测量，因此可进行活体检测，大部分测量不需要取样。

②有极宽的频谱可供选用，可根据被测对象的特点选择不同的测量频率。

③时间常数小、反应速度快，可以进行动态检测与实时处理，便于自动控制。

④在烟雾、粉尘、水蒸气、高温、高压、有毒、有放射线环境中对检测信号的传播影响极小，因此可以在恶劣的环境下工作。

⑤输出信号可以方便地调制在载频信号上进行发射与接收，便于实现遥测与遥控。

⑥微波无显著辐射公害。

（4）微波传感器的应用

微波传感器最典型的应用就是雷达。雷达是利用物体对微波脉冲的反射和微波的定向发射性，检测物体的方向与距离，或者检测物体的运动速度的，即利用多普勒效应来检测运动物体的速度、方向与方位。例如，交通测速雷达就是一种检测行驶中的汽车车速的装置，可用来检测行驶车辆是否超速。另外，微波传感器也可以用来检测车流量。应用在汽车安全行驶方面的雷达也较多，主要有以下几种：碰撞报警雷达、车速自控雷达、防撞制动雷达、辅助测障雷达等。

微波多普勒传感器的应用也很广泛，除了用于交通测速、车流量检测和汽车安全行驶外，还有水文站用来测量水流流速、海洋气象站用来测定海浪和热带风暴等。

六、超声波传感器

1. 超声波及其特性

频率超过 20kHz 的声波称为超声波。超声波是一种在弹性介质中的机械振荡，振荡源在介质中主要产生两种形式的振荡：横向振荡（横波）及纵向振荡（纵波）。横向振荡只能在固体中产生，而纵向振荡可能在固体、液体及气体中产生。

超声波频率高、波长短，绕射现象小，传播方向好。超声波对液体、固体的穿透能力很强，尤其是对不适光的固体，它可以穿透几十米的深度，碰到杂质或分界面时会产生反射、折射和波形变换等现象。这些使得超声波传感器在工业检测和交通检测领域中得到了广泛的应用。

超声波用于传感的主要物理特性如下：

①反射与折射。当超声波从一种介质传播到另一种介质时，在交界面处，一部分能量返回原介质称为反射波，一部分能量透过界面进入另一种介质中称折射波。

②干涉现象。检测试件的厚度时常利用界面反射波与入射波相位不同而叠加的现象。

③超声波的衰减。超声波在一种介质中传播时，振幅和强度按指数函数衰减。流体中的悬浮粒子、固体中的颗粒结构是衰减的主要原因，超声频率越高衰减也越大。

④波型转换。当纵波从某一角度入射到一种新介质时，除有纵波的反射与折射外，还会发生横波的反射与折射；在一定条件下还能产生表面波。

⑤超声波在流体中传播的速度：顺着流体运动的方向速度增加，逆着流体运动的方向速度减小。

超声波在流体内传播被其中的微粒反射时，反射后超声波的频率会发生变化，频率的变化与微粒的流速有关，这就是超声波的多普勒效应。

2. 超声波传感器

超声波传感器是实现声电转换的装置，主要由超声波换能器（亦称超声波探头）、发射器、接收器组成。超声波探头是利用压电元件的正、逆压电效应来发射或接收超声波信号的；发射器的作用是向超声波探头提供经过脉冲调制过的连续波（正弦波）振荡信号；接收器的作用是将超声波探头接收的反射信号进行放大、检波、整形处理后，输出标准的数字脉冲信号。

超声波探头有多种结构形式，按其结构可分为直探头、斜探头、双探头（一个探头发射，另一个探头接收）、聚集探头（将声波聚集成一细束）、水浸探头(可浸在液体中)及其他专用探头等。超声波探头按其工作原理可分为压电式、电磁式、磁致伸缩式等。压电式探头在实际应用中最为常见。

超声波传感器有多种类型，选用时应注意以下几点：

①通用型超声波传感器的频带窄，但灵敏度高，抗干扰性强，其发射器与接收器是分开使用的。

②宽带型超声波传感器在工作带宽内具有两个谐振频率，其频率特性相当于两种传感器的组合。因此，在较宽的频带范围内具有较高的灵敏度，这样一个传感器可兼做接收器和发射器。

③密封型超声波传感器对环境的适应性较强，可应用于汽车防碰撞检测装置和倒车报警器等。

④超声波传感器也可具有发送和接收声波的双重作用，分专用型和兼用型两种。专用型就是发射器用作发送超声波，接收器用作接收超声波；兼用型就是发射器和接收器为一体的传感器。

七、CCD 图像传感器

电荷耦合器件（CCD）图像传感器采用电荷耦合器件作为图像传感器。它具有光电转换、信息存储、集成度高、功耗低等功能，是图像采集及数字化处理必不可少的关键器件。

CCD 图像传感器由一种高感光度的半导体材料制成，能把光线转变成电荷，通过模数转换器芯片转换成数字信号，数字信号经过压缩以后送到存储器存储，然后将图像数据传输给计算机进行处理。CCD 由许多感光单位组成，通常以百万像素为单位。当 CCD 表面受到光线照射时，每个感光单位会将电荷反映在组件上，所有的感光单位所产生的信号加在一起，就构成了一幅完整的画面。CCD 图像传感器由 CCD 构成，CCD 的感光元件除了感光二极管之外，还包括一个用于控制相邻电荷的存储单元，CCD 感光元件中的有效感光面积较大，在同等条件下可接收到较强的光信号，对应的输出电信号也更清晰。

CCD 图像传感器作为一种新型光电转换器现已被广泛应用于摄像、图像采集、扫描仪以及工业测量等领域。作为摄像器件，与摄像管相比，CCD 图像传感器具有体积小、质量小、分辨率高、灵敏度高、动态范围宽、光敏元的几何精度高、光谱响应范围宽、工作电压低、功耗小、寿命长、抗震性和抗冲击性好、不受电磁场干扰和可靠性高等一系列优点。

1. CCD 传感器结构与原理

CCD 单元的基本工作有效结构是一种密排的金属－氧化物－半导体 MOS 电容阵列，依靠陷阱捕获电子的方式工作，是在一块 N 型（也可以是 P 型）纯净的单晶硅上扩散一层二氧化硅，再在上面扩散一层接受光子辐射的类似光电二极管 PN 结的 MOS 结构，外围通过扩散不同的绝缘层和沟道形成密布在单晶硅上的 CCD 单元，之后加上电源和信号引线做成集成电路，这就是 CCD 图像传感器。因为制作过程就是这样一层一层扩散形成的，扩散不均匀的结果是各个 CCD 单元的电参数不均匀，致使整个器件报废，因此成品率很低。CCD 是集成在半导体单晶材料上的，属于有源控制电荷输入型无增益电子器件的大规模集成电路。不论采用何种结构，感光单元与 CCD 集成在一个芯片上，那么 CCD 单元就要占据一定的比表面积，所有图像传感器的感光表面只能有一部分用作感光单元的光线接收面，其余部分留给 CCD 单元以及元器件之间的绝缘隔离带，所以 CCD 图像传感器不能像胶片一样使整个表面积完全用来接收光线信号。

CCD 图像传感器是一种特殊用途的光生电荷耦合器集成电路芯片，它的主体结构由感光区、信号暂存区和信号读出寄存器构成。感光区由垂直方向、并行排列的若干沟道组成，各沟道之间用绝缘沟阻隔开。水平光栅电极条横贯各沟道，外接有三相时钟脉冲的驱动器和工作电源。每个感光单元是掺杂多晶硅－二氧化硅－硅的 MOS 结构。光线射入半导体，能量大于感光单元材料带隙的光子被半导体吸收，激发出光生电子－空穴对。光生空穴（多子）通过半导体衬底流走，光生电子（少子）却被表面的深耗尽状态的 MOS 阵列下形成的一系列势阱俘获并收集起来。这些势阱相互间非常靠近却又相互隔离。每个势阱中积累的光生电子数与光学图像中各相应像素上光照大小成正比。这样光学图像在 CCD 的感光单元上转换成为各个位置大小不等的电荷包，每个电荷包就是图像信息，最后通过暂存区和信号读出寄存器把信号通过中央处理器进行信号处理后传输到存储器。

这些感应或收集的光线转换为电子信号需要有外界驱动力才能传输出去。实际上，就是打开电荷储存沟道耗尽层的信号，也叫作扫描信号，一个好的图像传感器如果能够使得感光单元占据越多的比表面积，那么它的效率越高，再生图像的准确度也越高。

2. CCD 图像传感器的特点

CCD 图像传感器技术的发展促进了各种视频装置的普及和微型化，CCD 图像传感器功耗低、成本低、电路结构简单、集成度高，其应用领域也极其广泛，涉及交通、通信、机械、机器人视觉、航天、航空、遥感、天文观测、钢铁、电子、计算机等各个领域。与普通的 MOS、晶体管‐晶体管逻辑（TTL）电路一样，CCD 器件属于一种集成电路，只不过它具有多种独特功能，归纳起来 CCD 器件具有以下一些特点。

①光电高灵敏度、高分辨率。

②高信噪比、宽动态范围、高电荷转换效率和高输出图像质量。

③集成度高、质量小、体积小、功耗低、可靠性高、寿命长。

④可任选模拟、数字等不同输出形式，可与同步信号、输入 / 输出（I/O）接口及微机兼容组成高性能系统，适应于不同条件下使用。

3. CCD 图像传感器的适用范围

CCD 图像传感器非常适合一些视觉信息占主导地位的应用场合，如车道线定位、交通信号识别、障碍物辨别等，在这些应用中无须修改任何道路基础设施，但使用视觉来进行测量通常要应用立体匹配的办法，数据量和计算量都很大，算法复杂。

用 CCD 图像传感器可以减小信号的干涉问题，如大量智能车辆在同一条道路上行驶，CCD 图像传感器可以确保传感器接收数据正确，提高了系统的可靠性，以保证安全；在某些涉及保密的场合，如军事侦察，CCD 图像传感器发出的信号不容易暴露目标；考虑到图像采集设备将广泛地应用于智能运输系统（ITS）的各个方面，从长远的角度看，由于 CCD 图像传感器具有无信号污染的优点，因此它将具有广阔的应用前景。

八、智能传感器

智能传感器这一概念最初是美国宇航局在开发宇宙飞船过程中根据需要产生的。当时为了实时快速地采集数据，同时又要降低成本，提出了分散处理数据的方案，即先进行存储、处理，然后通过接口电路进行总线控制，实现远距离、高速度的传输。而近年来，建立一种以工业现场总线为基础、CPU为处理核心、数字通信为变送方式的传感器和变送器的统一体是新一代智能传感器的研究领域，这就是现场总线式智能传感器，也称为网络化传感器。人工智能，特别是人工神经网络、信息处理技术（如传感器信息融合技术、模糊理论等）的发展，使传感器具有更高级的智能，即具有分析、判断、自适应、自学习的功能。

智能传感器是一种带有微处理器，具有信息检测、处理功能的传感器。新一代智能传感器的研究领域是将计算机技术与各种敏感元件相结合应用的边缘学科。智能传感器的最大特点就是将传感器检测信息的功能与微处理器的信息处理功能有机地融合在一起，使它具有人工智能。

1. 智能传感器结构

目前，传感器的智能化主要体现在计算机与传感器系统的结合。近年来又发展到把微机嵌入传感器中，实现智能微系统，即将传感器、信号调理电路、微控制器及数字信号接口组合为一体。

传感器将被测的物理量转换成相应的电信号，由信号调理电路对传感器的电信号进行放大，转换为数字信号后送入微控制器，再将微控制器处理后的测量结果，经数字总线接口输出。目前的智能传感器中，起关键作用的是微控制器，它不但可以对传感器的测量数据进行计算、存储和处理，还可以通过反馈回路对传感器进行调节控制。

2. 智能传感器的功能

智能传感器的主要功能包括以下几种：

①复合敏感功能。敏感元件测量一般通过两种方式，即直接和间接的测量。而智能传感器具有复合功能，能够同时测量多种物理量和化学量，给出能够较全面反映物质运动规律的信息。

②自动校零、自动标定、自动校正、自动补偿、自动诊断和计算功能。这些功能为传感器的温度漂移和非线性补偿开辟了新的道路。

③信息存储、记忆、传输和信息处理功能。随着全智能集散控制系统的飞

速发展，对智能单元提出了新的要求：具备通信功能，用通信网络以数字形式进行双向通信。这也是智能传感器的关键标志之一。智能传感器通过测试数据传输或接收指令来实现各项功能，如增益的设置、补偿参数的设置、内检参数的设置、测试数据输出等。

④组态功能。在智能传感器系统中可以设置多种模块化的硬件和软件，用户可以根据具体的应用环境和测量要求改变传感器的硬件模块和软件模块的组合状态。

⑤人机对话功能。人机对话功能将微型机与传感器和仪表组合在一起，形成输入、输出设备，使系统具有灵活的人机对话功能，可以及时修正各类错误，增强系统的灵活性和可靠性。

3. 智能传感器的特点

与传统传感器相比，智能传感器有如下特点：

①自适应能力强。智能传感器具有判断、分析和处理功能，能根据系统工作情况决策各部分的供电情况、与上位机的数据传送速率，使系统工作在最优状态。

②高精度和高分辨率。由于智能传感器采用了自动调零、自动补偿、自动校准等多项技术，有多项功能来保证它的精度，因此不论其测量精度还是分辨率都得到了大幅度的提高。

③微型化。随着微电子技术的发展，智能传感器正朝着短、轻、薄的方向发展，以满足航空航天及国防技术领域的需要，并为开发便携式检测系统创造了有利条件。

④微功耗。智能传感器普遍采用大规模或超大规模互补金属氧化物半导体（CMOS）电路，使得传感器的功耗大大降低。同时通过软件的控制，传感器可以有节电模式，可使得在暂时不测量时系统的功耗降至更低。

⑤高信噪比。智能传感器的信号调理功能可以除去数据中的噪声，提取出有用的信号，从而大幅度地提高传感器的信噪比。

⑥高可靠性和高稳定性。智能传感器能自动补偿因工作条件与环境发生变化后引起的系统特性的漂移，能实时、自动地进行系统自检，分析判断采集到的数据的合理性，并给出异常情况的应急处理。

⑦性价比高。

随着科技领域的快速发展，智能传感器正朝着单片高精度、多功能、集成化、网络化、系统化、高可靠性和安全性方向发展。今后智能传感器发展的趋势是集成化、传感器微型化、总线技术的标准化和规范化、虚拟传感器和网络传感器。

第二节　现代常用交通无损检测技术

一、概述

传统交通检测方法根据规程随机选点，钻孔取样、进行室内分析处理，从而获取各种工程参数。然而，随着我国交通的快速发展，交通检测技术的任务繁重，传统的检测方法已经不能适应交通检测的需要，因此能够开发出无损、快速、直观，能显示道路内部状态的检测设备和手段，必将使道路建设质量和养护管理进入一个新的水平。开展道路交通无损检测技术研究，将对道路施工质量、深入认识路面长期使用性能、改善路面设计、优化道路改造方案等具有重要意义。

无损检测技术是一项快速发展起来的现场检测技术，是在不损伤工程结构本身使用性能的前提下，通过现场原位测试某些物理量来推算工程结构的工程质量指标的方法。它与常规的检测方法相比，具有无破损、快速、适用、检测数据可连续采集等特点。科学、合理地利用无损检测技术，可以避免某些观感检查不科学的做法，使检测结果更具科学性、可靠性和公正性。

1. 无损检测技术的定义

无损检测，就是利用声、光、磁和电等特性，在不损害结构构件受力性能和使用性能的前提下，直接在构件上通过测定某些特定参数来推定结构构件的受力性能、内部缺陷、组织结构、耐久性能等，进而对建筑结构在特定应用条件下的适用性、安全性和可靠性进行评价的一项科学技术，它是多种学科紧密结合的高科技产物。

无损检测技术与常规性检测技术相比，具有以下显著特点：

①非破坏性。不破坏结构构件的受力或使用性能。

②全面性。可进行全面检测，检测手段经济、快捷。

③全程性。

④可靠性。

2. 无损检测技术的应用

（1）开展无损检测研究与实践的意义

开展无损检测研究与实践的意义是多方面的，主要表现在以下几方面：

①改进生产工艺：采用无损检测方法对制造用原材料直至最终的产品进行全程检测，可以发现某些工艺环节的不足之处，为改进工艺提供指导，从而在一定程度上保证最终产品的质量。

②提高产品质量：无损检测可对制造产品的原材料、各中间工艺环节直至最终的产品实行全过程检测，为保证最终产品质量奠定基础。

③降低生产成本：在产品的制造设计阶段，通过无损检测，将存有缺陷的工件及时清理出去，可免除后续无效的加工环节，减小原材料和能源的消耗，节约工时，降低生产成本。

④保证设备的安全运行：由于破坏性检测只能是抽样检测不可能进行100%的全面检测，所得的检测结论只反映同类被检对象的平均质量水平。

（2）道路无损检测技术在我国的发展方向

在道路交通检测中，其检测技术的总体趋势：由人工检测向自动化检测技术发展，由破损类检测向无损检测技术发展，由低速度、低精度向高速度、高精度发展。最近几年，自动化路面无损检测设备在中国越来越多，与此对应的，围绕自动化检测设备所开展的研究也将在深度和综合性上得到加强。可以认为，道路无损检测技术在我国的发展方向如下：

①测试设备的需求量越来越大，用户越来越多，并逐步实现国内组装及国产化。

②围绕测试技术所展开的研究逐步深化，并通过相关软件的市场化来推广。

③集成多种设备检测结果的路面使用性能评价与病害原因分析、养护与改建措施的专家系统的应用，或直接集成到路面管理系统中。

二、超声波检测技术

1. 概述

超声波检测技术在道路中的应用是近年来发展的一种新的检测方法，是一项无损检测的新技术。超声波检测技术主要运用了它作为波的本身的特性，即服从波的传输规律，如利用波的反射、折射来测定厚度或破损状况，利用波速来测定材料的强度等。超声波检测技术早在20世纪70年代就得到了较快的发展。我国应用超声波检测开始于建筑工程与岩土工程，主要用波速法测量岩石的抗压强度与判断岩石的性质，以及评价建筑工程中材料特别是水泥混凝土与钢筋混凝土材料的质量。由于超声波具有激发容易、检测简单、操作方便、价格便宜等优点，因此在道路检测中的应用特别是高等级公路路基路面检测中的应用越来越广泛。

　　超声波是一种频率高于人耳能听到的频率的声波。人耳能听到的声波频率范围为 20Hz ～ 2000Hz，而超声波的频率超过了 20kHz。实践证明，频率越高，检测分辨率越高，其检测精度越高。因此，在实践中常用超声波检测，而不用一般的声波。但频率较高时，波长会减小，当减少到与被测材料中的集料尺寸处于同一数量级时，散射面积扩大，声波的散射量增加，随之衰减量增加，而使用的反射波减小，相应地波的回收能量也随之减少，使测量误差增加。因此，在实践中利用超声波测量时，对超声波的频率范围亦有一定限制。一般超声波的上限频率为 100kHz，下限为 20kHz 左右。

　　超声波是一种波，因此，它在传输过程中服从于波的传输规律。

　　超声波在材料中保持直线行进。当材料的颗粒很细，且均匀、连续、无界面时，波在其中传播始终保持直线行进状态。但当组成材料较粗，甚至有一定孔隙时，波传播将产生 3 种状态。

　　①一部分波继续直线行进，到能量耗尽为止。这种损耗是由于波与材料颗粒发生摩擦形成热量散发，习惯上称为吸收。

　　②一部分波由于与粗颗粒表面碰撞而产生散射，散射的能量一般也消耗在材料内部。

　　③另一部分波产生扩散。从理论上讲，波的扩散是在不断进行的，即使在均匀介质中也一样。从这个意义上说，波的扩散是随波传输距离的增加而使单位面积上声能分布减弱。

　　在这 3 种状态中，土木工程检测中常用的是波的吸收特性。每一种材料都有吸收系数，一般可以用实验来确定。

　　超声波在传播过程中，也服从波的反射定律与折射定理。反射定律，即波在传输中碰到两种不同物质的材料界面，或两种不同介电常数时，发生反射，且在界面处入射角等于反射角。两种材料的介电常数差异越大时，则传输能量在第二种介质中的损耗越小，称"全能反射"状态；当第二种介质介电常数接近于第一种介质的介电常数时，波能反射量将迅速减小，绝大部分能量穿透到第二种介质中，称为"残能反射""余能反射"状态。当波穿过第二种介质时，波将发生折射。当第二种材料介电常数大于第一种材料介电常数时，折射角必然小于入射角（如从空气进入路面）；反之，折射角必然大于入射角；当两种物质的介电常数相等时，折射角与入射角相等。当入射波垂直于第三种介质界面时，不发生波的折射。

2. 超声波检测技术基本原理

所谓波速法，即用波在路基、路面材料中行进的速度来检测器力学性能的一种方法。

无限大的介质实际上是不存在的，当固体介质的尺寸与所传播的波长相比足够大时，可视为半无限体，其波速与无限大介质中的波速相近。

从材料力学的角度分析，超声波在固体材料中传播，实质上是一种高频机械波在固体材料中的传播。超声波通过材料时，使固体材料中的每一个微小区域都产生拉伸、压缩或剪切等应力应变过程，因此，超声波在这种固体材料中的传播速度，实质上就是表征了该种固体材料的应力应变状态，即直接反映了固体材料的弹性模量与密度特性。这两个指标与强度有着直接关系，即强度是这两个指标的综合反映。实践证明，材料的强度越高，穿过它的超声波波速值就越高；材料的强度越低，则穿过它的超声波波速值就越低。实质上波速值的大小表征了材料的强度高低。

当材料松软时，其强度小，即表征材料强度的弹性模量与密度小，它们的综合结果也必然小，穿过它的波速亦将随之减小；当材料坚硬时，其强度大，表征材料强度的弹性模量与密度必然大，同理，它们的综合结果也必然大，穿过它的波速亦将随之增高。对于有缺陷的材料体，其强度的降低导致超声波在该处的行进波速必然减小。这是由于波在该处产生不正常行进，或发生杂乱的散射或绕射，增加了声速传播的声阻抗，使速度减缓。一般来说，正常材料的弹性模量、密度或强度都是稳定的，而且通过室内试验可取的正常的波速值，也可以通过现场取得（需修正）。但当发现测出的波速有异常变化时，可根据用试验方法得到的该种材料的波速标准诊断模式判断出它的缺陷性质，甚至是缺陷位置，这给现场施工质量检测带来了方便。

波的发射是路基、路面超声波检测技术的又一关键因素。当波垂直于路基、路面方向发射时，波能全部或近似全部损耗于材料中，散射到面层的能量近于零，在实际工作中，采用这种方式对路基、路面检测没有用处。当波大于45°角发射时，情况与垂直时大体相同。从理论上讲，波的散射量稍多一点，但由于量少，没有代表性，因而，也没有实际用途。当波的发射小于45°角时，回射和散射的波能多起来，发射角越小，则散射或回射能量越多。但当发射角等于零时（贴面或沿贴面发射），将有一半能量发射在空气中，只有一半能量进入路基、路面表面层，且有一部分能量散射或回射后被接收器接收。

由上述分析可知，接收器里回收到的能量与发射角有着很大关系，要想得到最多的回收能量，则必须要选择最佳状态的角。一般来说，这种情况靠理论求解很难实现，只有用试验方法来求得最为准确、有效。用直达波法检测路基、路面物理力学指标，探测深度不大，一般为 0 ~ 20cm。

3. 超声波检测的应用

超声波检测方法除了广泛应用于石油勘探和钻井方面之外，还更多地应用于土木工程（尤其在测量大型建筑物、大坝、港口和高速公路的基岩深度）方面。超声波检测方法的优点在于它精确性高、分辨率高和穿透性强。在结构工程方面也可以运用超声波方法检测桥梁结构和混凝土内部损伤。

超声波检测技术现已经成功应用于检测路基路面材料的密实度与弹性模量，检测混凝土的抗压强度、抗折强度，检测路基路面的厚度与空隙，以及路基快速测湿等。因此，超声波检测技术在道路检测中有着较为广阔的应用与开发前景。

超声波检测方法应用在道路桥梁的桩基质量检测中，技术已比较成熟，其主要根据实测波速、波幅、频率、波型、畸变程度等特征，利用斜率与差的乘积（PSD）判据法等分析技术，分析判断混凝土的参考强度和内部存在缺陷的性质大小及空间位置。

超声波在路面探伤检测方面的应用尚处于起步探索阶段，但随着高等级公路的发展，超声波检测方法在路面检测中的应用已越来越广泛，无损检测的地位与重要性在实践中也逐渐得到体现。

三、雷达检测技术

1. 概述

雷达无损检测是一种高新技术，其检测设备目前有两种：一种是车载式，适用于高速、大面积检测；另一种是便携式，适宜于野外与局部检测。雷达检测的实质是一种特高频电磁波发射与接收技术。雷达波由自身激振产生，直接向检测物发射射频电磁波，通过波的反射与接收获得检测物的采样信号，再经过硬件与软件及图文显示系统，得到检测结果。雷达所用的采样频率一般为数兆赫，而发射与接收的射频频率有的要达到吉赫级别以上。射频电磁波是依靠一种特制的固体共振腔获得的，就像微波的获得依赖于晶体同轴共振腔一样。雷达波频率很高、波长很短，也遵守波的传播规律，即也有入射、反射、折射与衰变等传播特点。正是利用到雷达检测这些特点，使其为工程质量监控服务，达到无损、快速、高精度的检测要求。

2. 雷达检测基本原理

雷达是一种宽带、高频电磁波，一般频率为100MHz～1000MHz，频率自激产生，穿透能力很强。当由振源产生脉冲电磁波，并由天线定向成一定角度向路基、路面发射时，波的一部分在第一界面（路面与空气界面）反射，另一部分向下穿透。由于空气的介电常数为1，而路基、路面材料介质的介电常数均大于1，有的大得较多，因而穿透波的大部分能量被该种材料吸收，同时，波在其中产生折射，折射角小于波的入射角。当折射波碰到第二界面（面层与基层界层）时，波的一部分在界面反射，穿过面层到空气中，形成波的第一次小循环。另一部分继续向下，穿透界面到基层，一部分能量损耗于该层，同时产生折射，折射角大小主要取决于基层的介电常数。当基层的介电常数大于面层的介电常数时，折射角小于面层至基层的入射角；但当介电常数小于面层的介电常数时，折射角大于面层到基层的入射角。电磁波折射后，又碰到第三界面（基层与路基界面），同样，波一部分向上反射，并穿透面层到空气中，形成波的第一次中循环。同理，波的另一部分继续向下，穿透界面到达底基层，折射角的大小，理论上与上述相同。当检测物均质无限、无异常物时，从理论上说，穿透折射波的剩余能量完全损耗于无限体内，不会向上反射。但实际情况并非如此，检测物中由于种种原因，一些异常界面使这些区域的介电常数发生变异，因而，入射的电磁波就在这些区域的界面处向上反射，穿透路面面层到达空气中，形成入射波的第一次大循环。

由上面的分析可以知道，雷达波与其他波一样，具有相同的传播特点与规律。其中一个最突出的特点，就是雷达波碰到界面就要反射。上面所叙述的波的一次循环的大、中、小3种循环状态，就体现了波的这种性质。

3. 雷达检测技术的应用

雷达检测技术用于路基、路面物理力学指标的无损检测开始于20世纪80年代后期，欧、美等国家应用得最早。美国是雷达检测技术的发源地，世界上第一个公路型探地雷达（SIR-10H地质雷达）于1994年在美国发明。

雷达检测技术由于具有无损、快速、简易、精度高的突出优点，因此，在公路工程施工质量监控中应用广泛。目前，雷达检测技术已应用于路面厚度测试、结构层完整性判定等道路交通检测方面。

四、激光检测技术

1. 概述

激光检测技术属于非接触式测量技术，与接触式测量方法相比，具有限制更少、效率更高、不损伤测量表面、不易受被测对象表面状态影响等优点，因此高精度的激光检测技术越来越广泛地应用到科技领域中。激光之所以能被广泛应用，主要由于激光具有以下独特的优点。

全息摄影能力是用激光全息照相达成的。所谓全息照相，就是指除了在底片上记录物体反射光线的强弱信息外，还要把物光的相位记录下来，也就是把物光的所有信息都记录下来，并通过一定手段"再现"出物体的立体图像。这种专门技术称为全息照相术。物体的全息技术可以用激光相干技术反映。物光相干时，可从照片上得到物体的形状信息，又可得到明暗相间的条纹。物体的形象信息反映了物体相位情况，而明暗条纹则反映了光束的强弱。光束越强，明暗变化越显著，反差越大。由于激光光强远比一般光大，因此，激光全息摄影效果十分显著。物体的全息摄影对路面的力学性能研究十分有用。一般可利用路面受力状态下的全息照相，研究路面在不同受力状态下的力学变化与物理状态变化，对防止路面破坏与延长路面使用寿命具有重要价值。

一般来说，气体激光器的功率高，发射稳定，但受温度影响较大，因此，技术制作比较复杂；固体激光器制作成熟，功率较气体激光器要小，但工作电压较高，技术处理亦较复杂；液体激光器输出功率较小，受温度影响也较大，技术处理亦比较复杂；半导体激光器虽然输出功率小，但工作电压很低，体积小（如可做成钢笔式激光器），质量小，价格便宜，而且能于常温下工作，对于路基、路面的野外检测意义较大。

2. 激光检测技术基本原理

激光具有高亮度和高分辨率，较好的方向性、相干性、衍射性等特点，根据这些特点激光检测技术在道路检测技术中应用的原理可归纳为以下 3 种。

一是激光衍射原理。激光在衍射时，屏幕上出现亮暗相间的条纹，而亮暗相干条纹又与之有关。当狭缝变宽时，亮条或暗条增加；狭缝变窄时，亮条或暗条相应减少。这样，根据亮条的数目来确定缝的宽窄，即可得到实际的弯沉位移变形大小。

二是光电转化原理。激光光强越高，则光能越大，而光能越大，则说明光电流越强。如果用一个光电转化器，将光能转换成电能（如硅光电池），则当激光光强发生变化时，光电流也随之变化。当事先做好"光电流－位移变形"标定线后，即可根据光电流的变化反算弯沉位移的变化量。

三是光时差原理。激光能用反射时间差来记录所测量的极短长度。由于激光能反映极短的时间差，如 1mm 与 1cm 的时间差为 1/10，如果以 mm 为基准，则时间差为 10 时，长度读数为 10mm 或 1cm；同样，时间为 5 时，所反映的长度读数为 5mm，依此类推。因此，可利用激光所走路程的时间差来反求实际长度，这对测量路面结构纹理、纹理深度以及评价平整性能比较有效。

3.激光检测技术的应用

在道路交通检测中，激光检测技术主要用于道路交通参数检测与道路基础设施质量检测两大方面。在道路交通参数检测方面主要用于车辆速度、交通密度等参数的检测；在道路基础设施质量检测中，激光主要用于道路工程路基、路面的距离测定，纹理深度测定，弯沉测定，车辙深度及平整度测定等几个主要方面。

五、瞬态瑞雷面波检测技术

1.概述

瑞雷面波是沿地表传播的一种弹性波。早在 19 世纪，英国科学家就预言了它的存在。瑞雷面波勘探方法已在工程中得到广泛的应用，特别是最近几年，国内外许多学者进行了瑞雷面波勘探技术的理论与应用研究。与传统方法相比，瞬态瑞雷面波法具有检测速度快、效率高等优点，该技术在路面结构质量无损检测中有着广阔的应用前景，并具有重大的理论价值和工程实用价值。

2.瞬态瑞雷面波无损检测基本原理

对于均匀的弹性半空间分层介质，其结构表面受到瞬态冲击作用时，将产生瞬态振动。振动组分中包括纵波、横波和瑞雷面波。在一次冲击产生的波能中，瑞雷面波占 67%，即从一个振源向一个半无限介质表面辐射的总能量的 2/3 形成瑞雷型表面波；而纵波和横波只占有少量能量，并且随着波传播距离的增大，其在表面的衰减比瑞雷面波大得多。确切地说，纵波和横波引起的位移振幅沿表面随着距离的平方衰减，而瑞雷面波是随着距离的平方根而衰减。因此，在地基表面的瞬态振动中，瑞雷面波的衰减比纵波和横波的衰减慢得多，瞬态表面波主要是由瑞雷面波组成。

3.瞬态瑞雷面波检测技术的应用

面波测试技术是从国外引进的一种新的浅层地震勘探技术，利用面波的频散特性可以用来测试分析地下介质特性。

利用瞬态瑞雷面波频谱分析法能测量常见路面结构各分层介质的刚度、强度、基层、垫层压实度，评价复合地基承载力以及诊断各种病害（如下沉、裂缝、缺陷、脱空等）。同时它还可用于地基勘察、地基加固效果评价、人工洞穴以及岩溶洞穴探测的工作以及机场工程勘探、浅层煤田勘探、地下煤巷探测、地基检测、堤坝防渗墙质量检测等方面。

第三节　交通信息传输技术

随着科技的快速发展，交通信息技术变得日益关键。正是交通信息的采集、传输、存储、分析处理及应用，实现了交通管理从简单静态管理到智能动态管理的转变，便于交通静态及动态信息在最大范围内、最大限度地被出行者、驾驶员、交通管理者、交通研究人员及政府机构所共享和利用，从而实现交通系统的动态优化运行，有效地满足人们对交通系统发展的需求。

在 ITS 的信息链中，交通信息的采集和传输是非常重要的两个环节，是先进的交通管理系统（ATMS）正常运行的基础。没有交通信息检测技术和交通信息传输技术（通信技术）就没有智能交通系统的建立。在将道路、车辆、行人整合的过程中，通信系统起到了关键的作用，是组成智能交通系统的基本要素，是智能交通的三大支柱之一。因此，对基础交通信息传输技术的研究是非常必要的。

一、交通信息传输需求

道路交通运输特定的工作方式就是大范围、高速度移动，这一特点决定了ITS 的通信方式必然采用以无线电移动通信和数字通信为主的通信技术。

根据实际情况，应用在智能交通系统中的通信系统主要分为以下 3 部分：

一是以路网基础设施为主的信息传输系统，它是利用沿高速公路（或城市道路）铺设的电缆或光纤，将沿线的收费站、管理站、货运站、客运站、交叉路口等基础设施连接在一起的一个通信网。

二是路网与车辆之间的通信系统，它主要利用无线通信技术（广播或专用短距离通信等方式）完成路与车之间的信息交换。

三是车辆之间的通信，它利用无线电或红外线完成车与车之间的信息传输。

交通信息系统由许多部分组成，其中包括现场设备部分以及中心设备部分。

为了使智能交通系统能够正常运行，各组成部分之间的信息交换是非常重要的，信息传输网络就是为这些信息的传输提供传输通路的。

信息系统实现的功能如下：

一是向现场设备，如可变信息板、公路路况广播、匝道控制机、交通信号控制机和交通检测器等发出指令。

二是在现场设备收到指令并对其进行应答后，接收现场设备发出的确认信息。

三是从各种交通检测器处获取交通数据。

四是监视现场设备的工作状态。

信息传输技术的选择是否恰当，将影响到信息传输的有效性和可靠性，最终影响到 ITS 系统的性能。

1. 现场设备的通信需求

（1）交通检测站与匝道控制机

交通检测站与匝道控制机一般使用多路轮询方式，一个通信通道内可有多部控制机。其传输速率一般为 1200Baud。因为采用轮询方式，需要保证设备运行及通信的全天可用性。

（2）其他检测器

除了安装用于检测流量、占有率和速度的交通检测器外，沿高速公路还安装了用于检测车辆分类和道路状况（如路面的干湿程度、结冰状况等）的检测器。每种类型的检测器与控制中心或网络分中心之间的通信通过多个低速信道进行传输，采用轮询方式。因此，也要保证设备运行及通信的全天可用性。

（3）可变信息板

可变信息板（VMS）要使用现场控制设备，现场控制设备采用的通信协议要与控制中心系统的 VMS 协议和数据格式兼容。一般地，VMS 通信使用与检测器和匝道控制机所用信道类型相同的信道。为了能迅速确认，可变信息板的信息显示要非常快。

（4）视频设备

一方面视频设备主要应用于交通事件的确认，仅仅需要持续时间较短的视频图像。而且，在交通事件确认的过程中，要保证视频图像的稳定性和清晰度。虽然摄像机真正用于交通事件确认的时间很短（这与交通事件的发生频率有关），但要保证摄像机有全天的可用性。而且，在交通事件检测器出现故障时，检测区域内的摄像机要保证设备运行及通信的全天可用性，以进行车辆堵塞时的交通管理和交通事件检测。另一方面视频设备主要用于交通拥塞的监视，它要求摄像机设备能实时地将现场交通图像传输到控制中心，但视频图像的数据量大，因而要求传输速率要足够高。

视频图像传输时还应考虑视频图像是通过动态图像模拟信号传输的，还是通过多媒体数字信号编解码器（CODEC）转化为数字信号传输的。这需要综合考虑图像质量、费用和图像压缩技术的发展等多个因素。就目前趋势来说，随着光纤技术的应用和图像转换技术的发展，由模拟的图像转化为数字图像，并通过光纤传输的过程，实现起来将会更加简单、高效。

2. 通信信道

一条通信信道提供了在二至多点间传送数据的通道。多部设备可以共用一条通信信道传输数据。

在光纤通信系统的设计中，光纤的分配是需要重点考虑的问题。各种类型设备的光纤分配如下：

①数据设备：双向数据通信，每条通信信道分配两条光纤。每个信道最大支持 12 个轮询位置，每个轮询位置接一个数据设备（匝道控制机、检测器设备等）。

②视频设备：单向视频通信，双向数据控制通信。每部摄像机仅需要一条光纤以进行数据和视频通信。

二、交通信息传输类型、媒介及其选择

1. 交通信息传输类型

ITS 的信息传输设备按工作方式可分为两种类型：模拟传输和数字传输。传输的信息可分为 3 类，具体如下：

①数据信息：来自系统检测站、匝道控制机和可变信息板。这部分信息传输时的数据包较小，所需的带宽较窄。

②声音信息：来自紧急救援、调度等，可通过有线和无线方式传播。

③视频图像信息：来自闭路电视摄像机的动态图像，可用于交通事件确认和交通监控，传输时需要较宽的宽带。

2. 交通信息传输媒介

在 20 世纪 80 年代，交通信息传输媒介主要是双绞线和租用的电话线。为了减少投资费用，有些交通控制系统也采用租用的电话线路。然而，租用线路费用的提高使得租用线路的使用减少。后来，因为同轴电缆较宽的带宽可以满

足传输闭路电视视频图像的需要，许多交通控制系统，特别是高速公路交通管理系统，开始使用同轴电缆。

交通信息传输媒介是交通通信系统中发送端（信源）和接收端（信宿）之间的物理通路。传输媒介可分为两大类：有线传输媒介和无线传输媒介。有线介质包括双绞线、同轴电缆和光缆；无线介质以大气层、电离层或对流层作为传输媒介，包括微波、卫星、无线电、红外线等。双绞线用于局域网内，直接连接到计算机上；同轴电缆也用于局域网；光缆用于通信子网中主干网的连接；卫星用于跨国界传输。

近年来，光纤通信网络成为交通控制系统的主要通信媒介。另外，区域无线广播网络、地面微波链路、展布频谱无线网络、蜂窝无线网络、分组无线网络和卫星通信系统等也可作为交通控制系统的通信媒介。

（1）有线传输媒质

1）双绞线

双绞线是一种常用的通信媒介，常见的电话线就是双绞线，它是由铜线（直径为 0.4mm、0.5mm、0.6mm、0.7mm 或 0.9mm）或钢线采用塑料绝缘并呈螺旋状绞合在一起组成的，其目的是减少电磁干扰，提高传输质量。双绞线既可用于传输模拟信号，又可用于传输数字信号，比较适合短距离传输。在低频传输时，其抗干扰能力比同轴电缆高，但传输信号频率高于 10kHz 时，双绞线的抗干扰能力不如同轴电缆。

在计算机局域网传输中，双绞线是一种较为廉价的传输媒介，包括无屏蔽双绞线和屏蔽双绞线两类。每一类又分为若干等级。

双绞线用于模拟信号传输时，每 5km ～ 6km 需设置放大器；用于数字信号传输时，每 2km ～ 3km 需设置中继器。

屏蔽双绞线分立的绝缘导体通常以特定的间隔扭绞 90°，因而称为扭绞线对。这种扭绞处理通过围住线对内部的电磁场来提高媒介的性能，因而，电磁能量的辐射减少，线内信号的强度提高。屏蔽双绞线的线对周围有可以或不可以扭绞的金属屏蔽层或栅网层。线对可以分别屏蔽，也可以用一个单独屏蔽层包在多对线的电缆周围。屏蔽层常使用金属铀，或用铝、钢或铜制成的编织网，而且是电接地的。

2）同轴电缆

同轴电缆由内外两条导线构成，共享同一中心轴，内导线是单股铜线或多股细铜线；外导线是一层屏蔽金属，其形状是网状或密集状的空心圆柱体，以降低信号衰减和提高整体性能。内外导线之间有一层绝缘材料，最外层是绝缘保护层外壳，两端需有终端器，用 50Ω 或 70Ω 的电阻连接内外导体。

根据特征阻抗的不同，同轴电缆可分为基带同轴电缆和宽带同轴电缆。

同轴电缆适用于点到点和点到多点的应用。基带同轴电缆最大传输距离为数千米，宽带同轴电缆最大传输距离可达数十千米。

3）光缆

光缆也称光导纤维电缆，即通常所说的"光纤"，光缆传输的是光信号。光纤是用纯石英拉制而成的一个实心玻璃棒，呈圆柱状，由纤芯和包层组成，其中纤芯的折射率略高于包层的折射率。在光纤通信中，光纤的纤芯完成光信号的传输；光纤的包层负责将光封闭在纤芯内并保护纤芯，增加光纤的机械强度。光线从光纤断面射入后被束缚在纤芯内，在纤芯和包层的边界面不断地发生全反射，直至传输到另一端。光纤在通信中，具有低损耗和极高的信息传输带宽等特点，码速容量比同轴电缆大 5 个数量级，是通信的重要传输媒介之一。

在 20 世纪 80 年代后期，闭路电视视频图像的传输要求交通系统的传输媒介有较高的传输带宽，所以在各个系统开始采用光纤通信。目前安装及维护光纤通信网的费用大幅降低，使光纤通信成为交通通信系统的首选。

（2）无线传输媒介

1）区域无线广播网络

区域无线广播网络是指向一个区域而不是某个特定的地点发送信号的自备的无线互联系统。

2）地面微波链路

地面微波链路是自备的无线通信媒介。微波主要用作点对点通信的主干媒介，传输音频信息和数据及有线的闭路电视视频信息。

3）展布频谱无线网络

展布频谱无线网络又叫展频无线网络、多频广播。展布频谱无线网络是另一种自备的无线通信媒介。发送方将信息分成多个频率进行传输，接收方会将这些不同频率的信号压缩为原来的频率的单一信号。展布频谱无线网络同时使用多种频率，以提供可靠的抗干扰的数据传输。使用多种频率可以确保传输更加安全。

4）蜂窝无线网络

蜂窝无线网络是另一种可用的无线互连媒介。迄今为止，蜂窝无线网络只是在一些小规模和短期的交通系统中应用。然而，模拟蜂窝无线网络技术的出现使得蜂窝无线网络技术在交通系统中得到了更广泛的应用。

5）分组无线网络

分组无线网络是另一种可用于交通系统的无线媒介。与蜂窝无线网络的话音通信功能不同，分组无线网络是专门用于数据传输的。

6）卫星通信系统

卫星通信系统属于无线通信系统。就现在的卫星设备及其提供的服务来说，在相对小的区域（如交通控制系统）内使用卫星通信系统还不能取得令人满意的成本效益，但是可以考虑将卫星通信系统应用在较大区域。

卫星通信系统通过地面站向地球同步卫星发射信号并接收信号：地面站将基带信号调制为具有适当能量和传输频率的信号，然后向地球同步卫星发射；卫星改变所接收信号的频率，并进行放大处理，然后将信号发射回其覆盖区域内的地面站。

3. 交通通信媒介的选择

交通通信媒介的性能特性对传输速度、通信距离、可连接的网络节点数目、数据传输的可靠性等都有影响，所以选择什么样的传输媒介非常关键，应根据交通信息传输的要求而定。

在选用通信媒介时，要考虑到通信媒介的特性对交通通信质量的影响，对特定的应用来说，选择最有效的传输系统必须考虑许多关键的设计因素。相关因素如下：

①一般的传输特性，如带宽和差错性能，二者均影响系统的吞吐量。

②设备之间的可允许距离，以及传播时长、安全性、机械长度和物理尺寸等问题。

③本地可用性和成本，包括生产成本、施工成本、操作与维护成本以及升级换代成本。

总之，在智能交通系统的信息传输中，交通通信媒介的选择，应该根据交通通信的实际需求，综合考虑包括带宽（频带宽度或位速率）、通信距离（可稳定传送信号的最大距离）、覆盖区域（可稳定传输信号的最大区域）、延时（信息传输时间，包括链路协议建立时间）、方向性（单向和双向）及移动性的需求、本地可用性及成本等参数。

为了降低通信成本并使 ITS 能利用通信领域的持续性技术发展，可以选择所有已有或待建的基础通信设施（固定或移动）为 ITS 服务。

三、交通信息接入方式

交通信息接入方式主要分为有线接入和无线接入两大类。

1. 有线接入

（1）铜线接入

1）电话音频线接入

电话线路上传输的是话音信息，也就是说普通的电话与交换机之间传输的是模拟信号。公共换电话网络（PSTN）交换机只接收 0 ～ 3.4kHz 左右的频宽的信号，在这么窄的载波上面，用户如果要传输交通监控、检测数据的话，需要在用户端加调制解调器（Modem）。

2）专线 E1/T1 接入

专线 E1/T1（两种数据传输速率标准）可以高速接入网络，E1/T1 都是通过两对电话线路为用户提供高速的专线接口标准的。E1 是欧洲标准，速率为 2Mb/s，Tl 是北美标准，速率为 1.5Mb/s，我国支持 El 标准。2Mb/s 的带宽平均分配为 32 个 64Kb/s 的信道，可以由多个用户分别使用其中的某个信道，也可以由某个用户使用其中的多个信道或全部信道。虽然 E1/T1 能够为用户提供很宽的传输带宽，但由于电信公网对于这种服务的收费十分昂贵，因而基于该方式的信息接入用户十分有限。

3）xDSL

目前流行的铜线接入主要是采用 x 数字用户线（xDSL）技术。DSL 技术是基于普通电话线的宽带接入技术，它在同一铜线上分别传送数据和语音信号，数据信号并不通过电话交换机设备，减轻了电话交换机的负载；并且不需要拨号，一直在线，属于专线上网方式，这意味着使用 xDSL（包括 HDSL、SDSL、ADSL、RADSL、VDSL 等）上网并不需要缴付另外的电话费。ADSL、HDSL/SHDSL 等基于铜线传输的 xDSL 接入技术已经使铜线接入成为宽带用户接入的一个重要手段，并成为宽带接入的主流技术，为广大用户所采用。由于 xDSL 技术的宽带接入优势，许多交通诱导系统、交通监控系统以及监控点与分中心或区域中心之间的信息传输都采用该接入方式。

4）以太网电缆接入

基于以太网的局域网（LAN）是以五类线作为传输媒介实现办公自动化、企业管理现代化和工业过程控制自动化的基础。将交通管理部门或控制中心的局域网接入整个网络是实现最终的 ITS 共用信息平台不可缺少的。以太网的最大优点是廉价，但是因其作为接入方式接入公众网，会存在安全管理、业务管理等问题。所谓安全管理指的是接入网需要保障用户数据的安全性，隔离携带有用户个人信息的广播消息（如地址解析协议消息、动态主机配置协议消息等），防止关键设备受到攻击，能使个人用户的信息得到保护。所谓业务管理指的是以太网接入需要支持组播业务（如信息发布），需要为保证服务质量（QoS）提供一定手段，因为组播业务是互联网上的重要业务。

5）同轴电缆线

同轴电缆作为传输媒介，其相对于对绞线的优点是传输衰减小，抗干扰能力强。一般信号需要中等距离传输时，可以采用同轴电缆传输。

（2）光纤接入

光纤接入指的是终端用户通过光纤连接到局端设备。光纤是宽带网络中多种传输媒介中最理想的一种。它的特点是传输容量大、传输质量好、损耗小、中继距离长等。在高速公路收费系统、高速公路监控系统中，由于其信息传输距离较长，一般都采用光纤接入方式。

2. 无线接入

无线接入是指从交换节点到用户终端部分或全部采用无线作为传输媒介的接入技术，用无线传输手段来代替接入网的部分甚至全部，从而达到降低成本改进灵活性和扩展传输距离的目的。无线接入技术可以分为移动蜂窝无线接入和固定无线接入两大类。

（1）移动蜂窝无线接入

通过移动蜂窝网进行数据业务的接入技术有基于第一代模拟蜂窝高级移动电话系统（AMPS）的蜂窝数字分组数据（CDPD）技术和基于第二代数字蜂窝全球移动通信系统（GSM）的通用无线分组业务（GPRS）技术。

1）CDPD

CDPD技术是在AMPS系统上开发出来的，完全使用AMPS原有的频谱和设施，既可以采用专用频率方式，在规定的信道传送数据，也可以采用跳频方式，利用移动电话通话中的闲置信道传送数据。使用CDPD时，用户移动数据终端发出的数据经调制后，首先通过无线电波传送到移动数据基站，由移动数据基站完成对无线信道的管理和对无线信号的接收与解调，然后再将解调后得到的数据传送到移动数据中介系统，由该数据中介系统完成CDPD网内数据包的交换、路由以及对用户移动位置的跟踪、漫游，发往CDPD网外的数据将通过路由器完成与其他公网的连接。鉴于以上特点，CDPD对于点多、面广、信息短、量大而频次较密的突发性业务具有优势，可用于交通智能调度、远程监控、信息查询等领域。

2）GPRS

GPRS 是按 GSM 标准定义的分组交换协议，它在移动终端和网络之间实现了"永远在线"的连接，网络容量只有在实际进行传输时才被占用。它是一种基于分组交换传输数据的方式，是在 GSM 网络中增加分组交换功能，在 GSM 平台上运用 X.25 和 TCP/IP 协议的分组交换数据通信。GPRS 使若干移动用户能够同时共享一个无线信道，一个移动用户也可以使用多个无线信道。实际不发送或接收数据包的用户仅占很小一部分网络资源。其数据传输速率是 GSM 的 10 倍以上，巨大的吞吐量改变了单一面向文本的无线应用，使得包括图片、话音和视频的多媒体业务得以实现。

GPRS 的特点包括：充分利用频谱资源、传输带宽，适用于突发性业务。GPRS 技术呼叫建立时间短、支持点到点、点到多点、上下行链路非对称传送。从有效地利用网络资源和降低用户费用方面考虑，GPRS 非常适合于互联网业务等突发性、面向大众的业务。

（2）固定无线接入

1）无线局域网

无线局域网（WLAN）是一种能支持较高数据速率、采用微蜂窝、微微蜂窝结构的、自主管理的计算机局部网络。它可采用无线电或红外线作为传输媒介，并采用码分多址（CDMA）的扩展频谱技术，移动的终端可通过无线接入点来实现对互联网的访问。

WLAN 利用常规的局域网及其互联设备（路由器）构成骨干支撑网，利用无线接入点（AP）和无线接入服务器（WAS）来支持移动终端（MT）的移动和漫游。无线接入服务器的作用是提供无线终端的接入管理和移动性管理。在无线接入服务器管辖的范围内（称为服务区）可支持多个小区。无线接入点的作用是完成 WLAN 和 LAN 之间的桥接，实现无线空中接口协议到 LAN 协议的转换，并实现小区的移动用户管理。在无线接入服务器中运行移动 IP 服务器软件，在移动终端上运行移动 IP 客户机便可支持移动 IP 功能。

2）蓝牙技术

蓝牙技术是一种无线数据与语音通信的开放性全球规范，它以低成本的近距离无线连接为基础，为固定与移动设备通信环境建立一个特别连接。蓝牙工作在全球通用的 2.4GHz 频段。与其他工作在相同频段的系统相比，蓝牙跳频更快，数据包更短，这使得蓝牙比其他系统更稳定。

第四节　交通信息处理技术

我们对交通信息的研究和分析需要建立在广泛统计的基础上，应用各类信息处理技术和统计分析方法来探索它的规律性。目前交通信息的处理技术非常多，这里主要介绍数据压缩处理技术和数字图像处理技术。

一、数据压缩处理技术

如果没有数据压缩处理技术的发展，多媒体信息传输将难以实现。若要实时地综合处理声音、图像、视频、文字等多媒体信息，其数据量是非常大的。图像的数字化使得图像信号可以高质量地传输，并便于图像的检索、分析、处理和存储。传输图像的数据量很大，它决定于每帧画面的尺寸和分辨率。例如，一帧 640 像素、480 线、24bit 编码的画面，其数据量就要 27Mb/ 帧，它在 680M 容量的只读光盘（CD-ROM）上只能存储 25 帧，也就是只能存储 1s 的活动图像。要传输或存储这样大的数据量是非常困难的，必需对其进行压缩编码，在满足实际需要的前提下，尽量减少要传输或存储的数据量。虽然数字图像的数据量巨大，但图像数据是高度相关的。一幅图像的内部相邻像素之间、相邻行之间的视频序列中相邻图像之间有大量冗余信息——空间相关性和时间相关性，可以使用各种方法尽量去除这些冗余信息，减少图像的数据量。

除了时间冗余和空间冗余外，在一般的图像数据中还存在信息熵冗余、结构冗余、知识冗余和视觉冗余等。各种冗余就是压缩图像数据的出发点。图像编码的目的就在于采用各种方法去除冗余，以尽量少的数据量来表示和重建图像。

数据压缩主要依靠信源编码技术。一般地，图像压缩技术可分为两类：无损压缩技术和有损（率失真）压缩技术。无损压缩利用数据的统计冗余进行压缩，可完全恢复原始数据而不引入任何失真，但压缩率受到数据统计冗余度的理论限制，一般为 2∶1 到 5∶1。这类方法广泛用于文本数据、程序和特殊应用场合的图像数据（如指纹图像、医学图像等）的压缩。由于压缩比的限制，仅使用无损压缩方法不可能解决图像和数字视频的存储和传输问题。有损压缩方法利用了人类视觉对图像中的某些频率成分不敏感的特性，允许压缩过程中损失一定的信息。虽然不能完全恢复原始数据，但是所损失的部分对理解原始图像的影响较小，却换来了大得多的压缩比。有损压缩广泛应用于语音、图像和视频数据的压缩。在多媒体应用中常用的压缩方法有脉冲编码调制（PCM）、预测编码、变换编码（主成分变换、离散余弦变换等）、插值和外推法（空域亚采样、时域亚采样、自适应）、统计编码（算术编码、行程编码等）、矢量量化和子带编码等。新一代的数据压缩方法有基于模型的压缩方法、分形压缩和小波变换方法等。

在图像和语音信号压缩编码方面已经制定了一些国际标准，下面主要介绍一下用于静态图像（抓拍图像）压缩的联合图像专家组（JPEG）标准和动态图像（如视频监控）压缩的动态图像专家组（MPEG）标准。

1. JPEG 标准

20 世纪 70 年代末 80 年代初，人们开始着眼于新的图像压缩类型的研究工作，希望能够大大地优化如脉冲编码调制（PCM）等一般的压缩技术。JPEG是国际标准化组织（ISO）和国际电工委员会（IEC）两个组织机构联合组成的一个专家组，负责制定静态的数字图像数据压缩编码标准，这个专家组开发的算法称为 JPEG 算法，并且成为国际上通用的标准，因此又称为 JPEG 标准。JPEG 是既可用于灰度图像又可用于彩色图像的静态图像数据压缩标准。

（1）JPEG 算法必须满足的要求

①算法独立于图像的分辨率。

②具有低于 1bit/ 像素的编码率，并且能够在 5s 内建立图像，以满足实时要求。

③在压缩比大约是 2 的情况下能够无失真地恢复原图像。

④支持顺序编解码和渐进编解码。

⑤对各种图像成分及数据精度的自适应能力。

⑥要求编解码设备简单易实现。

JPEG 专家组开发了两种基本的压缩算法，一种是采用以离散余弦变换（DCT）为基础的有损压缩算法，另一种是采用以预测技术为基础的无损压缩算法。使用有损压缩算法时，在压缩比为 25 ∶ 1 的情况下，压缩后还原得到的图像与原始图像相比较，非图像专家难于找出它们之间的区别，因此得到了广泛的应用。

（2）JPEG 中允许的编解码模式

①基于 DCT 的顺序编码模式。

②基于 DCT 的递增编码模式。

③无失真编码模式。

④分层编码模式。

（3）JPEG 压缩编码的步骤

①使用正向 DCT 把空间域表示的图变换成频率域表示的图。

②使用加权函数对 DCT 系数进行量化，这个加权函数对于人的视觉系统是最佳的。

③使用霍夫曼可变字长编码器对量化系数进行编码。

译码或者叫作解压缩的过程与压缩编码过程正好相反。JPEG 算法与彩色空间无关，因此 "RGB 到 YUV 彩色空间变换" 和 "YUV 到 RGB 彩色空间变换" 不包含在 JPEG 算法中。JPEG 算法处理的彩色图像是单独的彩色分量图像，因此它可以压缩来自不同彩色空间的数据，如 RGB、CMYK。

（4）JPEG 压缩编码算法的主要计算步骤

①正向离散余弦变换（FDCT）。

②量化。

③Z 字形编码。

④使用差分脉冲编码调制对直流系数（DC）进行编码。

⑤使用行程长度编码对交流系数（AC）进行编码。

⑥熵编码。

2. MPEG 标准

MPEG 压缩技术目前视频压缩的重要技术之一。它解决了以往硬盘容量有限及计算机总线瓶颈效应的问题，扩大了多媒体应用空间的自由度及灵活度。高速公路监控图像传输处理、VCD 节目制作就运用了 MPEG 压缩技术。VCD 盘上存储的影视图像和声音是采用 MPEG 算法压缩的数字信息，按 MPEG 格式交错存放在 VCD 盘上。

MPEG 的任务是开发运动图像及其声音的数字编码标准。MPEG 公布的主要标准如下：

（1）MPEG-1 标准

MPEG-1 标准完成的基本任务就是质量适当的图像（包括伴音）数据必须成为计算机数据的一种，和已有的数据（如文字、绘图等数据）在计算机内兼容，并且这些数据必须在现有的计算机网络和广播电视等通信网络中兼容传输。MPEG-1 标准有 3 个组成部分：MPEG 视频、MPEG 音频、MPEG 系统。MPEG-1 标准可以处理各种类型的活动图像，其基本算法对于压缩水平方向

360 个像素、竖直方向 288 个像素的空间分辨力，每秒 24 幅～ 30 幅画面的运动图像有很好的效果。与 JPEG 不同，它没有定义产生合法数据流所需的详细算法，而是在编码器设计中提供了大量的灵活性，另外定义已编码位流和解码器的一系列参数都包含在位流本身当中，这些特点允许算法用于不同大小和宽度比的图像中，也可以用在工作速率范围很大的信道和设备上。

MPEG-1 标准压缩首先对色差信号进行亚采样，减少数据量，采用运动补偿技术，减少帧间冗余度，利用二维 DCT 变换去除空间相关性，对 DCT 分量进行量化，舍去不重要的信息，将量化后 DCT 分量按照频率重新排序，再将 DCT 分量进行变字长编码，最后对每个数据块的直流分量（DC）进行预测差分编码。

MPEG-1 的压缩目标是先对分辨率为 30 帧 / 秒 [正交平衡调幅制（NTSC）] 或 704×576、25 帧 / 秒 [正交平衡调幅逐行倒相制（PAL）] 的视频图像在水平方向和垂直方向上使像素减少一半，即变成 352×240（NTSC 制式）或 352×288（PAL 制式）的标准交换格式（SIF）图像格式，再对其与立体声伴音进行压缩。

MPEG-1 将图像的帧分成 3 种：内帧（I）、预测帧（P）和内插帧（B）（双向预测）。

I 帧采用与 JPEG 相类似的编码方法进行编码，并且在编码时不必参照其他的帧，其压缩比是比较低的。I 帧可作为随机访问点及其他图像编码帧的参照帧。

P 桢需要利用前面的 I 帧或 P 帧信息进行编码和解码，同时又是后续 P 帧的参照帧。它利用瞬时冗余特性，可获得较高的压缩比。然而只有对所参照的 I 帧和 P 帧完成解码后才能访问 P 帧。

B 帧需要利用前面和后面的 I 帧、P 帧信息进行编码和解码，但它本身不可作为参照帧。由于 B 帧使用了双向运动补偿预测技术，故它的压缩比是最高的。

MPEG-1 视频的编码过程如下：

①每个图像组（GOP）的第一帧总是内帧（I 帧），它是按块顺序编码的，即使用 DCT 变换、量化过程和熵编码方法进行中度压缩，并作为参照帧和随机访问点。

②当 GOP 中出现 B 帧或 P 帧时，将启动运动补偿预测过程，以获取最佳的压缩比。

③对于P帧的编码,运动补偿预测算法使用最近一个I帧或P帧作为参照帧。如果当前帧的宏块与参照帧的宏块之间找到一个较好的匹配,则对当前帧的宏块的运动向量和所得到的预测误差进行编码;否则,只对该宏块进行帧内编码。

④对于B帧的编码,其处理过程比较复杂,因为必须考虑4种可能性:正向预测、反向预测、插值和宏块中的帧内编码。如果使用插值方法,则必须使用前、后两个最近的I帧或P帧作为参照帧,并产生两个运动向量和一个预测误差块,并且应当首先传输P帧和B帧的参照帧。

MPEG-1的熵编码过程可分成两步:首先,进行可变长行程编码(对出现概率较小的代码)和定长行程编码(对出现概率最大的代码);然后,使用带有预定义表的霍夫曼编码。通过熵编码进一步提高DCT的压缩比,同时减少运动信息对总数码率的影响。

MPEG-1标准对解码过程(而不是解码器)做了规定,实现解码的方法有许多种,但该标准并没有做具体的规定。典型的解码过程如下:先对位流进行解码,将位流分解成运动信息、量化器步长、块和量化DCT系数几部分。量化DCT系数经过解码后送入反离散余弦变换(IDCT),从IDCT输出的重建波形还要叠加上预测结果。

(2)MPEG-2标准

MPEG-2标准全称为"运动图像及其伴音的编码",它是对MPEG-1视频标准的扩展,主要针对高清晰度电视(HDTV)所需要的视频及伴音信号,传输速率为10Mb/s。

MPEG-2标准统称为ISO/IEC 13818国际标准,分为9个部分。

第一部分——系统,描述多个视频、音频和数据基本码流合成传输码流和节目码流的方式。

第二部分——视频,描述视频编码方法。

第三部分——音频,描述与MPEG-1音频标准反向兼容的音频编码方法。

第四部分——符合测试,描述测试一个编码码流是否符合MPEG-2码流的方法。

第五部分——软件,描述了MPEG-2标准的第一、二、三部分的软件实现方法。

第六部分——数字存储媒体命令与控制,描述交互式多媒体网络中服务器与用户间的会话信令集。

第七部分——非向后兼容的音频,规定不与MPEG-1音频反向兼容的多通道音频编码。

第八部分——现已停止。

第九部分——实时接口，规定了传送码流的实时接口。

MPEG-2 和 MPEG-1 很相似，只是 MPEG-2 标准所覆盖的应用领域更加广泛。

（3）MPEG-4 标准

MPEG-4 标准的特点是其更适于交互音频视频（AV）服务以及远程监控，是一个有交互性的动态图像标准。

1）MPEG-4 标准的构成

①多媒体传送整体框架（DMIF）：主要解决交互网络中、广播环境下以及磁盘应用中多媒体应用的操作问题。通过 DMIF，MPEG-4 可以建立起具有特殊服务质量（QoS）的信道和面向每个基本流的带宽。

②数据平面：MPEG-4 中的数据平面可以分为传输关系和媒体关系两部分，并引用了对象域和表面贴装技术（SMT）的概念，使基本流和 AV 对象在同一场景中出现。

③缓冲区管理和实时识别：MPEG-4 定义了一个系统解码模式（SDM），该解码模式描述了一种理想的处理比特流句法语义的解码装置，它要求特殊的缓冲区和实时模式。通过有效的管理，可以更好地利用有限的缓冲区空间。

④视频编码：MPEG-4 支持对自然和合成的视觉对象的编码，合成的视觉对象包括 2D、3D 动画和人面部表情动画等。

⑤音频编码：MPEG-4 不仅支持自然声音，而且还支持合成声音。它将音频的合成编码和自然声音的编码相结合，并支持音频的对象特征。

⑥场景描述：场景描述主要用于描述各 AV 对象在具体 AV 场景下，如何组织与同步等问题，同时还有 AV 对象与 AV 场景的知识产权保护等问题。

2）MPEG-4 编解码原理

①基本思想。MPEG-4 编解码的基本思想是基于图像内容的第二代视频编解码方案，并将基于合成的编码方案也结合在标准中。它根据图像的内容将图像分割成不同的视频对象，在编码过程中对前景对象和后景对象采用不同的编码策略，对于人们所关心的前景对象，则尽可能地保持对象的细节及平滑，而对不大关心的后景对象采用大压缩比的编码策略。

②编解码的数据结构。MPEG-4 按照如下 5 个层次组织要编码的图像，从上至下依次为：视频段（VS）、视频对象（VO）、视频对象层（VOL）、视频对象组层（GOV）、视频对象平面（VOP）。

在 MPEG-4 中，VO 主要被定义为画面中分割出来的不同物体，每个 VO

由 3 类信息来描述：运动信息、形状信息、纹理信息。VO 的构成依赖于具体应用和系统实际所处环境，在要求超低比特率的情况下，VO 可以是一个矩形帧（传统 MPEG-1 中的矩形帧），从而与原来的标准兼容。

对基于内容的表示要求较高的应用来说，VO 可能是场景中的某一物体或某一层面，如新闻节目中的解说员的头肩像；VO 也可能是计算机产生的二维、三维图形等。

③ VOP 编码器结构。编码器主要由两部分组成：形状编码和传统的运动纹理编码，其中形状编码是 MPEG-4 在编码任意形状的 VOP 时所必需的。

④ MPEG-4 的编解码流程及框架。MPEG-4 的编码流程如下。首先是 VO 的形成，先要从原始视频流中分割出 VO，之后由编码控制机制为不同的 VO 以及各个 VO 的 3 类信息分配码率，之后各个 VO 分别独立编码，最后将各个 VO 的码流复合成一个位流。其中，在编码控制和复合阶段可以加入用户的交互控制或由智能化的算法进行控制。现在的 MPEG-4 包含了基于网格模型的编码和 Sprite 视频编码技术。在进行图像分析后，先考察每个 VO 是否符合一个模型，典型的如人的头肩像，如果是就按模型编码；再考虑背景能否采用 Sprite 技术，如果是则将背景生成一幅大图，为每帧产生一个仿射变换和一个位置信息即可；最后才对其余的 VO 按上述流程编码。MPEG-4 的解码流程则基本上为编码器的反过程，这里不再赘述。

3）MPEG-4 的主要应用场合

从目前的情况看，MPEG-4 主要被用于 3 个领域：数字电视、交互式的图形应用（包括内容上的合成技术）、交互式多媒体领域，如监控系统等。

4）MPEG-4 的特点及优势

① MPEG-4 是作为一个国际化的标准来制定研究的，因而具有很好的兼容性及开放性。

② MPEG-4 在提供高压缩比的同时，对数据的损失很小，能达到以最小的数据获得最佳的图像质量的目的。

③ MPEG-4 是个开放标准，因其高质量的数字影像，以及允许内容创建者从 MPEG-2 质量一直到极低带宽的互联网流式内容全程进行品质和带宽的均衡，而被全世界的无线、电脑及娱乐公司广泛采用。

④ 正如 MPEG-2 将使数字电视最终完全取代现有的模拟电视那样，随着 MPEG-4 新标准的不断推出，数据压缩和传输技术必将趋向更加规范化。

二、数字图像处理技术

图像技术就是对视觉图像获取与加工处理技术的总称。根据抽象程度和处理方法的不同，图像技术可分为 3 个层次：图像处理、图像分析和图像理解。这 3 个层次的有机结合也称为图像工程。

图像处理是较低层的操作，主要在图像像素级上进行处理。比较狭义的图像处理主要包括对图像分割以改善视觉效果，或对图像压缩编码以减少传输时间或存储容量。图像分析则是进入中层的操作，分割和特征提取是把原来以像素描述的图像转变成简洁的非图形形式的符号描述，即图像分析是一个输入图像而输出数据的处理，数据可以是对某一特征测量所得的结果，或是基于测量的符号表示。图像理解也经常被称为计算机视觉，主要是高层操作。图像理解进一步研究图像中的目标和它们之间的联系，其处理过程和方法与人类的思维推理有不少类似之处。

数字图像处理是在以计算机为中心，包括各种输入、输出设备在内的系统上进行的，它是将连续的模拟图像信号转变为离散的数字图像信号，并利用某种特定的物理模型，通过编制程序、控制进程并实现各种要求的处理。当前，图像处理研究的发展趋势以数字处理为主，这主要是因为此类方法的处理精度高、灰度阶多（256 级以上），并能进行复杂的非线性运算，处理非常灵活，功能齐全，同时具有使用简单、保存方便、通用性强等优点。

三、图像预处理

图像预处理主要包括图像噪声消除、图像锐化、图像对比度增强。其主要作用：一是可以滤掉各种噪声信号，降低噪声信号对图像的干扰；二是改善图像的质量。

1. 图像噪声消除

图像噪声是指在图像生成、保存和传输过程中，由外部干扰加进图像中的冗余信息。如在图像拍摄和数字化过程中，由于摄像设备和拍摄环境等多种因素影响，数字化后的图像或多或少带有各种噪声，因此，图像预处理的首要任务就是要消除这些噪声。

通常噪声的发生是随机的，发生的机理往往也是未知的，有的时候即使知道了噪声产生的机理，也不能将它抽象为数学模型，在这种情况下，可根据噪声具有的一般性质进行噪声消除的平滑化。

在频域中消除噪声主要采用低通滤波，在空域中消除噪声主要采用线性滤波和非线性滤波（中值滤波）。

2. 图像锐化

经过去噪处理的图像，图像边缘可能变得模糊不清。因此，为了改善图像质量，使图像的信息让人易于观看，需要采取一些方法，这就是图像的锐化。通过锐化，去掉了"模糊"，图像变得轮廓分明。为了消除"模糊"，通常采用拉普拉斯算子（二阶差分法）和方向模板两种增强轮廓的算法。

3. 图像对比度增强

图像对比度增强一般是通过对图像灰度直方图的变换来实现的。

第六章 道路交通事件自动检测技术

第一节 道路交通事件概述

交通事件是指任何偶发性的能引起车道通行能力减小或需求增加的非正常事件。这样的事件包括交通事故、停滞的车辆、货物抛落、道路正常维护、重建项目、大型集会、游行或特殊的非紧急事件等，这些交通事件会给当事人和道路使用者带来直接损失，然而，它更大的潜在损失在于二次事故的诱发以及交通阻塞的出现，尤其在城市交通高峰期，交通事件持续的时间越长，其造成的交通阻塞会在临近路网甚至整个路网上扩散，严重的时候可能会使局部路网甚至城市整个路网陷于瘫痪状态。

交通事件的基本特征可以概括为成因多样性、发生时间和地点的随机性。因其发生的时间或地点不能准确预测，事件发生后容易导致道路的通行能力急剧降低，当交通需求超过事件点的实际通行能力时，即造成道路上的拥挤发生、车辆延误、诱发二次事件等。

福尔摩斯（Holmes）和莱昂纳德（Leonard）按照事件发生的不确定性将事件分为3类。

第一类为一般性的普遍能够接受的交通事件，如路边停车引起道路通行能力的下降，这类事件对驾驶员而言是可以容忍的，也可以算是正常交通事件。

第二类为可以预料的交通事件，如道路建造和维护活动，这类事件对于管理者而言是可预见或者计划中的，但对于驾驶员而言则不一定能预料到。

第三类为完全不能预料的交通事件，如车辆抛锚、撞击事故等，这类事件因为其发生是不可预见的，所以交通管理者和驾驶员都不能提前做准备，并且

101

很可能导致交通阻塞的发生。由于事件发生地点、时间以及事件本身的性质的不可预知性，事件性交通阻塞的影响程度及持续时间也就比较难以预测，同时由于事件本身信息的缺乏，不仅会导致驾驶员选择错误路径，并且信号配时也容易出现不合理的情况。这类事件是国内外学者研究的重点。

此外，交通事件还可以根据其他要素来进行分类，如事件发生的时间、事件发生的位置、事件的严重程度等。

①按事件发生的时间可将交通事件分为高峰时间事件和非高峰时间事件。

②按照时间发生的位置可将交通事件粗略地分为交叉口事件和路段事件两种基本类型。发生在交叉口区域的事件称为交叉口事件，发生于路段区域的事件则称为路段事件。对路段事件还可以细分为路段上游事件、路段中游事件、路段下游事件和展宽段事件。

③按事件严重程度可将交通事件分为小型事件和大型事件。小型事件是城市道路中发生最多的类型，如车辆抛锚或小型事故等。在流量比较低的情况下，这类事件产生的影响较小，但流量高时，聚集影响也不容忽视。大型事件在整个事件中所占比例相对较小，一旦发生则可能造成灾难性影响和引发死锁。

本章所指的交通事件主要为给道路网造成暂时性通行能力降低的常发性事件，主要包括车辆抛锚、车辆碰撞、危险物品泄漏、紧急道路维护等。

第二节　道路交通事件检测方法

一、概述

交通事件的管理主要有事件检测、事件确认、事件响应、驾驶员信息发布、事件交通管理与控制、事件现场管理、事件清除、排队消散等过程。

事件检测是事件管理最初的持续性工作，这一过程主要通过系统设备获取的数据或驾驶员提供的信息来判别常发性交通阻塞及事件的发生。它主要依赖于事件侦察区域的各种可用资源，常用的事件检测方法有：手机报警、闭路电视、交通检测设备（如线圈检测器、雷达检测器、红外检测器等）、电话报警、公路巡逻、空中监视、浮动车检测等。

二、交通事件检测方法分类

早期的城市道路交通管理部门依靠人工方式来发现道路上的交通事件，交通管理的主要目的是快速疏导由交通事件引起的交通阻塞。由于当时路网规模较小、交通需求与供给矛盾尚未激化，因此这种依据人工方法发现道路交通运行故障的管理模式在很长时期内能够维持道路交通的正常运转。随着社会经济的快速发展，城市道路网络的不断扩大，道路需求的迅速增长，依据人工发现道路上的交通事件的方法已经不能满足交通管理的需要。因此，各个国家开始研究城市道路交通事件自动检测方法对城市道路交通运行状态进行监控。归纳起来，交通事件检测方法有非自动检测方法和自动检测方法两类。

1. 非自动检测方法

非自动检测方法（人工检测方法）是最早的、最容易实施的也是最常用的方法，在日常生活中主要用于向事件管理中心报告事件信息。由于非自动检测方法主要依靠人的行为来完成，通常也称为人工检测方法，常用的有市民报告、专职人员报告等。从整体上看，非自动检测方法具有方便、直接、经济、效率比较高的优点，但这种方法一般运行成本较高，受时间和天气影响较大，检测时间较长，检测率较低。因此，人们都倾向使用运行成本低，能够全天候、全程地发挥作用，且检测率高的事件自动检测方法（或算法）。

2. 自动检测方法

在大交通流量下发生的交通事件，既可以通过对交通流参数的检测来达到事件自动检测的目的，还可以通过对车辆的特性进行检测实现交通事件的自动判别。对于小交通流量下发生的交通事件，一般不会对整体交通流造成太大的影响。因而，不能通过对交通流参数的检测来实现自动判别，需要通过对车辆的信息进行判别来实现交通事件的自动检测。其中，基于宏观交通流参数的判别方法又可以分为间接自动事件检测（AID）方法和直接 AID 方法、单截面 AID 方法和双截面 AID 方法。

（1）间接 AID 方法和直接 AID 方法

绝大多数的 AID 方法都是通过识别由交通检测器得到的交通流参数的非正常变化来间接地判断交通拥挤和交通事件的存在的，因此被称为间接 AID 方法。而直接 AID 方法则是指使用图像处理来判别是否存在缓行或停止的车辆从而实现对交通事件检测的方法，这类方法实际上是"看到"发生了交通拥挤和交通事件，而不是通过对交通流特征参数数据的分析来检测到它们的存在的。

从潜在的意义上看，直接 AID 方法在判别速度方面远远胜于间接 AID 方法，特别是在交通量较低的情况下也能对突发交通事件进行良好的检测，但需要密集地设置交通视频检测器才能保证其判别的可靠性，而且气象条件对其也有较大影响。

（2）单截面 AID 方法和双截面 AID 方法

交通拥挤产生的原因是路段上存在交通瓶颈（包括固定瓶颈和临时瓶颈），一旦瓶颈上游的交通需求大于瓶颈处的通行能力，拥挤将不可避免。此时，瓶颈上下游检测站处的交通流参数数据会有较大的变化。将以瓶颈处上游密集的交通流参数数据作为交通状态判别依据的 AID 算法称为单截面 AID 方法，将同时考虑上游密集交通流参数数据和下游稀疏交通流参数数据开发的 AID 算法称为双截面 AID 方法，它们都属于间接 AID 方法。

第三节　道路交通事件自动检测系统

一、交通事件自动检测系统的组成结构

在智能交通系统体系结构中，事件检测系统作为先进的交通管理系统的重要组成部分，具有非常重要的地位。交通事件检测系统主要作用是及时检测出道路上发生的交通事件，使之能得到及时处理，以尽量减少由于交通事件所带来的道路堵塞、人员伤亡、财产损失等影响，并且避免二次事件的发生。

交通事件自动检测系统有硬件和软件部分，分为信息采集、信息传输、信息处理和信息发布 4 个子系统。外场（包括采集设施和信息发布设施）设备用来收集和发布各种交通信息，接收来自监控中心的控制命令；监控中心主要负责对采集的数据进行收集处理以及上下传达监控命令，对道路进行直接控制，并向道路管理人员和使用者发布交通信息；传输系统主要实现信息的转移和传送。

1. 信息采集子系统

交通信息采集在实现智能交通系统中起着非常重要的作用，智能准确地采集交通信息具有重要意义。交通信息采集包括交通参数采集（磁感应检测器、微波探测器、超声波探测器、视频检测器等）、交通监视（闭路电视系统）、车辆分类等。实际交通数据的来源主要有 3 种：

①固定型交通检测器。

②移动型交通检测器。

③语音报告。

2. 信息传输子系统

信息传输子系统的主要功能是将采集的数据送至高速公路控制中心，以便数据的进一步处理。传输系统包括数据传输、图像传输以及语音传输。信息传输方式主要如下：

①数据传输：一种方案是直接传输，即采用一对一的方式，通过金属电缆或光缆加上辅助设备直接传入监控中心；另一种方案是经过通信系统传输，此种方案又有集中传输和分散传输两种方式。

②高速公路监控系统的图像传输包括摄像机至监控中心及监控总中心的传输。图像传输技术有多种：图像的光缆传输和电缆传输；图像的数字传输和模拟传输；控制信号的传输。

③语音传输：主要由紧急电话系统组成。目前公用移动通信网的覆盖范围越来越广，随着高速公路的建设，电信营业商在沿线增加基站或直放站，信号可覆盖高速公路全线。可以利用公用移动通信网络这种新的方式来实现紧急电话功能。

3. 信息处理子系统

信息处理子系统的主要功能是对信息采集子系统得到的数据进行处理及分析，从而对事件的过程加以说明和确定。其中，信息处理子系统最重要的部分是事件检测算法。

4. 信息发布子系统

信息发布子系统的主要功能就是在确认事件发生后能够及时对事件进行控制，并能对发生事件的道路进行管理。信息发布子系统可以通过多种方式实时发布交通信息，也可以利用互联网进行信息发布，还可以在服务区内通过信息查询机了解道路实时的状况。

二、交通事件自动检测系统工作原理

交通异常事件导致道路上交通流的变化，可以通过实时监测道路上不同位置的交通流参数变化值加以识别。所以，交通异常事件自动检测并不是直接检测异常事件本身，而是检测发生交通异常事件所引起的交通流特征变化（如事发路段上游会发生交通拥挤）。当发生异常交通事件后，交通流参数会发生突变（表现在车道占有率、流量、速度、密度等参数上），若变化程度超过了预设的阈值，则判别为发生了异常事件。AID 技术的本质就是模式识别问题，一般均涉及确定某些交通流参数的变化（如交通流、速度、车道占有率或它们的各种组合）。AID 系统工作流程如下：

①通过各种检测器实时采集道路交通信息及自然环境信息。

②对采集到的原始交通数据进行消噪处理，以保证检测的准确率。

③利用一定的检测算法对数据进行分析，以确定事件的发生情况。

④对检测到的事件进行分类识别，根据其类型及其严重程度采取不同的补救措施并给出报警信号。

⑤将这些信息输入交通运输数据库。

从 AID 系统工作流程可以看出，事件自动检测的关键技术包括数据采集、检测算法和事件识别。

第四节　道路交通事件自动检测算法

道路交通事件检测既是道路交通事件管理中的初始部分，也是持续工作的环节。事件检测的准确性和及时性取决于事件检测方法的有效性。故国内外许多学者对此也倍加重视。事件检测算法的研究从 20 世纪 70 年代开始，主要依靠各类车流运行数据进行事件检测。事件检测的算法大体分为五大类：比较算法、统计算法、时序及过滤算法、模式识别算法和高级算法。检测算法的优劣通过检测率、误报率以及平均检测时间 3 个参数来综合衡量。

一、道路交通事件自动检测常用算法

1. 比较算法

比较算法是通过比较跟踪变量与确定的阈值来辨别非常态的。跟踪变量通常为交通参数或者从交通参数演变而来的参数，占有率是最为常用的跟踪变量。典型的比较算法有加利福尼亚算法。

2. 统计算法

统计算法是利用标准的统计技术来识别变量的突然变化和其他非正常行为的。这种算法认为，多数情况下交通参数符合正常统计行为，而非正常变化则预示着事件的发生。一般而言，流量平均速度、车道占有率以及从这些基本交通参数演变而来的其他参数都可以作为统计算法的跟踪变量。统计算法包括标准偏差算法、贝叶斯算法等。

3. 时序及过滤算法

时序及过滤算法将跟踪变量视为时间序列变量，并建立符合其一般行为的时间序列模型，根据通过变量与模型得到的数值的偏差来确定事件是否发生。这类算法的重点在于区分出受事件影响的随机变量。时序及过滤算法包括时间序列模型（ARIMA）算法、指数平滑算法、卡尔曼（Kalman）滤波算法等。

4. 模式识别算法

模式识别算法原理：当事故发生时，事故发生地点及其上游车辆占有率上升，而下游的占有率下降，从它们之间的差值可判断事故发生与否。

在路网中行进的车流，由于道路上交通流的复杂性，车流运行状态随着时间的变化而时刻改变着。在运行行为上，可以用畅通、拥挤、堵塞和消散 4 个状态来简单描述。通常采用车流的排队队长、平均排队延误、速度的变化率等指标来反应车流拥挤和消散过程。这些指标在一定程度上确实能够反应出车流的运行状态，但它们往往不是难以计算求得，就是不能够快速地反映出交通状态的瞬息变化。

5. 高级算法

事件检测算法的高级算法是利用各种先进的技术来实现的，检测算法中包含了模糊和随机的理论，如神经网络算法、图像处理算法、模糊逻辑算法等。另外，对于事件检测这个过程，许多学者看好手机的利用，并提出有关手机信息检测事件的方法，这个方法的使用条件是手机的普及化。

二、常用算法评价指标

常用算法评价指标如下：

1. 检测率

检测率（DR）：检测到的交通拥挤事件数与实际交通拥挤事件数之比，以百分数表示。

2. 误报率

误报率（FAR）：不正确的检测次数与算法使用的总次数之比，以百分数表示，也可以表示为每段时间的误报次数。

3. 平均检测时间

平均检测时间（MTD）：根据算法要求，把检测所需要的数据代入算法，直到判断出结果所需要花费的平均时间。MTD 是在给定的 DR 和 FAR 条件下获得的。

上述 3 个指标并不是独立的，它们之间存在着一定的矛盾关系。算法在追求检测大范围的事件发生时，必须具有很高的敏感性，同时也会产生大量的误报次数；而较低敏感性的检测算法产生较低的误报率，但事件检测率却不高。如果平均检测时间变长，允许算法分析更多的数据，那么则可降低误报率，提高检测率的准确率。所以检测算法的性能体现在对 DR、FAR 和 MTD 指标的综合评价上而没有必要强调某一指标的最优。在具体应用中，事件检测的逻辑机理决定了 DR、FAR 和 MTD 之间的平衡关系。

三、检测算法性能的评估方法

算法评估是指在不同的评价指标取值下对算法进行测试，直到取得一个综合的最优性能值。因为参数值彼此间具有矛盾性，所以很难找到最佳值。通常将检测率的增长不会导致误报率很大增长的点确定为最优的参数点。

第五节　道路交通事件预警技术

一、道路交通事件预警概念

城市道路交通事件预警系统是指在正常状态下，对道路交通运行状态参数进行检测和评估的基础上，对城市道路运行状态接近交通事件程度前所做出的早期预报。其目的是使道路交通管理部门及参与者及时采取相关措施，避免交通事件的发生。

二、道路交通事件预警流程

1. 收集事件信息

通过交通检测装置收集全面的交通信息，是道路交通事件预警的基础。

2. 事件评估分析

事件评估分析是对突发事件当前影响的评价，通过综合以上所获取的各类因素，分析和确定各要素之间的深层联系，最终得到交通、救援、经济、社会等态势的直观量化估计。事件态势分析包括对以下几方面的评估：

①路网通行能力评估：根据天气、道路类型以及基础设施损坏情况等，对交通事件发生后的路网通行能力给予评价，作为预案生成与调度的重要依据。

②交通拥堵程度评估：根据道路滞留车辆及行人的数量等情况，对道路交通拥堵程度给予评价，从而确定事件对交通流的影响。

③救援处理难度评估：根据救援资源的相关信息如数量、距离等，以及天气、周边道路等情况评价救援处理难度。

④疏散处理难度评估：根据疏散点的相关信息如数量、距离等，以及天气、周边道路等情况评价救援处理难度。

三、事件发展预测

突发事件是一个不断变化的发展过程，具有很大的随机性和不确定性，事件所造成的影响也是不断扩展和传递的。因此，突发事件态势评估必须能够根据当前事件信息，对事件影响进行快速有效的预测。预测内容如下：

①事件影响持续时间预测：预测事件所造成的影响能够持续多长时间，是判断事件威胁程度的一个重要环节。

②事件引起交通延误预测：预测事件对交通的后续影响，为之后的交通控制、诱导等方案提供决策支持。

③人员安全潜在威胁预测：预测事件对人员安全的后续影响，为之后救援力量和人员疏散工作的部署提供决策支持。

④经济社会潜在威胁预测：城市突发事件可能造成财产损失，损害城市形象和声誉等后果，因此也需要对这类情况给予充分重视和考虑。

四、综合评价

综合评价是指根据收集到的相关信息，运用交通事件算法，结合事件发展情况预测，对事件进行综合分析与评价，据以判断是否发出警报以及发出何等程度的警报。

五、预警发出及调控决策

预警发出是指以任何种形式发出警报。调控决策是指道路交通管理者及使用者应如何应对该事件。

第七章 道路交通基础设施检测技术

第一节 道路交通基础设施的分类

交通基础设施包括道路、桥梁、隧道、轨道4大类。

①道路基础设施是指以车辆、行人通行为主要功能的通道，包括车行道、人行道、广场、公共停车场、隔离带、路肩、路堤、挡土墙、护坡、护堤、边坡、边沟、已经征用的道路建设用地及其附属设施。从管理隶属关系又分为公路和城市（市政）道路。

②桥梁设施是指架设在水上或陆地上连接道路供车辆、行人通行的构造物，包括跨越河海的桥梁、车行立交桥、人行天桥、高架桥、涵洞以及桥梁附属设施。从桥梁的交通特点及管理隶属关系而言，又分为公路桥梁、城市（市政）桥梁和铁路桥梁等。其养护管理的要求及方法均有所不同。

③隧道设施是指在既有的建筑或土石结构中开挖出来的通道，供交通立体化、穿越山岭、地下通道、越江、过海、管道运输、电缆地下化、水利工程等使用。隧道不一定全是地下通道，仅位于地面下的称作地下隧道。大部分隧道的功能是供行人、自行车、一般道路交通、机动车、铁路交通或运河使用，也有少数隧道只运送水、石油或其他特定服务，包括军事及商业物流等。

④铁路及轨道设施，简称路轨、铁轨、轨道等，主要用于铁路上，并与转辙器合作，使火车无须转向便能行走。轨道通常由两条平衡的钢轨组成。钢轨固定于轨枕上，轨枕之下为道碴。

第二节　路面工程检测

为了保证车辆行驶的安全与舒适，降低运输成本和延长道路使用寿命，路面必须具有足够的强度和刚度。路基路面的强度可以由抗剪强度、加州承载比（CBR）值、回弹模量等很多指标反映。目前国内外普遍采用回弹弯沉值来表征路基路面的承载能力。路面弯沉测定比较方便，不仅能够反映路面各结构层及土基的整体强度和刚度，而且能够反映出路面的使用状态。所以在我国现行的沥青路面设计规范中采用设计弯沉作为路面整体刚度的设计指标。

路面弯沉检测与分析是路面承载力评估的基础，对工程质量控制和检验至关重要，因此在我国回弹弯沉值广泛用于新建路面结构的设计、施工控制和验收、旧路改造等方面。

一、路面综合强度测定

1. 基本概念

（1）弯沉

弯沉是指在规定的标准轴载作用下，路基或路面表面轮隙位置产生的总垂直变形（总弯沉）或垂直回弹变形值（回弹弯沉），一般以 0.01mm 为单位。

弯沉值的大小能够直接反映路基路面的强弱。在相同车轮荷载下，路面的弯沉值越大，则路面抵抗垂直变形的能力越弱，说明路面强度越弱，反之则说明路面强度越强。影响路面弯沉的因素有很多，路基路面结构层的材料特性、压实程度、干湿状况、温度环境、结构类型、气候条件、交通组成、检测时的环境条件以及所使用的仪器设备等因素均会对弯沉值产生较大的影响。

（2）容许弯沉

大量的实践表明，对于回弹弯沉值大的路面，在经受较少次数轮载的重复作用后，即呈现出某种形态的破坏；而回弹弯沉值小的路面，能经受较多次数轮载重复作用才会达到这种破坏状态。这说明在达到相同程度的破坏时，回弹弯沉大小与该路面的使用寿命大致成反比关系。根据该种路面所要求的使用寿命可以确定路面容许的最大弯沉值，这个弯沉值通常被称作容许弯沉值。

路面容许弯沉值是指路面在使用期末的不利季节，在设计标准轴载作用下容许出现的最大回弹弯沉值。

（3）设计弯沉

路面设计弯沉值是根据公路等级、面层和基层类型、设计年限内每个车道上预测通过的累计当量轴次确定的，相当于路面竣工后第一年的不利季节在标准轴载100kN作用下，测得的最大回弹弯沉值。

2. 弯沉值的测试方法

弯沉值的测试方法有很多，目前主要有贝克曼梁法、自动弯沉仪、落锤式弯沉仪、激光弯沉仪等测试方法，各种测试方法的主要特点如下：

（1）贝克曼梁法

贝克曼梁法始于20世纪50年代，其优点是测量仪器结构简单，技术要求低，使用范围广，技术成熟，目前属于标准方法。该方法缺点是属于静态测试方法，只能测定最大回弹值，除此之外该方法测试精度较差，对于弯沉小于0.1mm的路面测试比较困难；而且该方法属于人工测定方法，测试效率低且受人为因素及环境因素影响较大。

（2）自动弯沉仪

自动弯沉仪是在贝克曼弯沉梁的基础上发展起来的连续采集设备，该设备可以记录弯沉盆的形状并测定最大总弯沉，测量精度和采样频率相对贝克曼梁法有了较大的提高。但是该测试方法仍属于静态测试方法，由于测定的是总弯沉，在使用时需使用贝克曼梁法进行标定换算。

（3）落锤式弯沉仪

落锤式弯沉仪是利用重锤自由落下时瞬间产生的冲击荷载测定弯沉的，属于动态弯沉概念，该测试方法测试速度快、精度高、测试过程受外界干扰少。该方法可以测定路面结构的动态弯沉盆，因此可以更好地模拟行车荷载对路面结构的动力冲击作用。在使用时也需应用贝克曼梁法进行标定换算。

（4）激光弯沉仪

激光弯沉仪属于动态弯沉测试设备，采用行驶采样方式，是目前世界上最先进的弯沉测试装置，它在高速行驶过程中利用激光多普勒技术测试地面在荷载作用下的垂直下沉速度，再通过数据分析程序计算出最大弯沉。该方法采用非接触检测方式，因此一般可以达到70km/h的速度精确测试地面弯沉值。该测试方法是目前高速公路弯沉检测的最佳选择，检测效率相比其他方法要高很多，但是价格比较昂贵。

3. 贝克曼梁弯沉仪测定法

（1）目的和适用范围

贝克曼梁弯沉仪测定法适用于测定各类路基、路面的回弹弯沉，用以评定其整体承载能力，可供路面结构设计使用及交工和竣工验收使用。同时，通过对路面结构分层测定所得的回弹弯沉值，根据弹性层状体系垂直位移理论解可以反算路面各结构层的材料回弹模量值。

需要注意的是，沥青路面的弯沉以沥青面层平均温度 20℃时为准，当路面平均温度在 20±2℃范围以内时可不修正；在其他温度测试时，对厚度大于5cm 的沥青路面，弯沉值应予温度修正。

（2）主要仪器和设备

①实验用标准测试车：在我国规范中采用后轴 100kN 的 BZZ-100 的汽车作为标准车。该载重车为双轴、后轴双侧 4 轮的。

②路面弯沉仪：常见的为贝克曼路面弯沉仪，由贝克曼梁、百分表及表架组成，贝克曼梁由铝合金制成，上有水准泡，其前臂（接触路面）与后臂（装百分表）长度比为 2：1。弯沉仪长度有两种：一种长 3.6m，前后臂分别为 2.4m和 1.2m；另一种加长的弯沉仪长 5.4m，前后臂分别为 3.6m 和 1.8m。当在半刚性基层沥青路面或水泥混凝土路面上测定时，宜采用长度为 5.4m 的贝克曼梁弯沉仪；对柔性基层或混合式结构沥青路面可采用长度为 3.6m 的贝克曼梁弯沉仪。弯沉值采用百分表量得，也可用自动记录装置进行测量。

③接触式路面温度计：端部为平头，分度不大于 1℃。

④其他：皮尺、口哨、白油漆或粉笔、指挥旗等。

（3）试验方法与步骤

①车辆准备。检查并确保测定用标准车的车况及刹车性能良好，轮胎内胎符合规定充气压力值。

②称量汽车后轴质量。向汽车车槽中装载（铁块或集料），并用地中衡称量后轴总质量及单侧轮荷载，相关参数应符合规范要求的轴重规定，在汽车行驶及测定过程中，轴重不得变化。

③测定轮胎接地面积。在平整光滑的硬质路面上用千斤顶将汽车后轴顶起，在轮胎下方铺一张新的复写纸和一张方格纸，轻轻落下千斤顶，即在方格纸上印上轮胎印痕。然后顶起后轮取出方格纸，注明左右轮，用求积仪或数方格的方法测算轮胎接地面积，精确至 0.1cm^2。

④布置测点。在测试路段布置测点，其距离随测试需要而定，测点应在路面行车车道的轮迹带上，并用白油漆或粉笔画上标记。一般路段可在行车带上每隔 50 ～ 100m 选一测点，如情况特殊可适当加密。

⑤检查弯沉仪百分表测量灵敏情况，量测温度并记录路面现场工程资料。当在沥青路面上测定时，用路表温度计测定试验时气温及路表温度（由于一天中气温不断变化，应随时测定），并通过气象台了解前 5 天的平均气温（日最高气温与最低气温的平均值）。记录沥青路面修建或改建时材料、结构、厚度、施工及养护等情况。

⑥测定弯沉。目前我国测定弯沉值一般都采用"前进卸载法"。具体操作程序如下。首先将试验车后轮轮隙对准测点后 3 ～ 5cm 处的位置。然后将弯沉仪插入汽车后轮之间的缝隙处，与汽车方向一致，梁臂不得碰到轮胎，弯沉仪测头置于测点上（轮隙中心前方 3 ～ 5cm 处），并安装百分表于弯沉仪的测定杆上，百分表调零，用手指轻轻叩打弯沉仪，检查百分表是否稳定回零。最后测定者吹哨发令指挥汽车缓缓前进，百分表随路面变形的增加而持续向前转动，当表针转动到最大值时，迅速读取初读数；汽车仍在继续前进，表针反向回转，待汽车驶出弯沉影响半径（3m 以上）后，吹口哨或挥动红旗指挥停车。

（4）弯沉仪的支点变形修正

当采用长度为 3.6m 的弯沉仪对半刚性基层沥青路面、水泥混凝土路面等进行弯沉测定时，有可能引起弯沉仪支座处变形，因此测定时应检查支点有无变形。如果有变形，此时应用另一台检测用的弯沉仪安装在测定用的弯沉仪的后方，其测点架于测定用弯沉仪的支点旁。当汽车开出时，同时测定两台弯沉仪的弯沉读数，如检测用弯沉仪百分表有读数，即应该记录并进行支点变形修正。当在同一结构层上测定时，可在不同的位置测定 5 次，求平均值，以后每次测定时以此作为修正值。

（5）温度修正

对于沥青路面结构，沥青路面面层厚度、温度、路基湿度等是影响路面弯沉测定结果的重要因素，其中最主要的是温度因素。现行规范给出了贝克曼梁弯沉的温度修正方法，规范中规定当沥青面层厚度大于 5cm 时，回弹弯沉值应进行温度修正。

（6）路面弯沉值的评定

路面弯沉的测定结果可点绘成弯沉断面图。由于影响承载能力的变量较多，导致各测点的弯沉值会有较大的变异。因此，通常采用统计方法对每一路段的弯沉值进行统计处理，以路段的代表弯沉值表征该路段的承载能力。

二、路面平整度测定

平整度是路面施工质量与服务水平的重要指标之一，直接反映了道路通车后的整体效果，是评价路面使用品质与行车舒适性重要的外观指标。平整度是指以规定的仪器设备间断地或连续地量测路表面的凹凸情况，即不平整度的指标。路面的平整度一般是各结构层平整效果累积反映到路面表面后的结果，表面越不平整，行车阻力就越大，同时还会使车辆产生附加振动作用。这种振动作用会造成行车颠簸，从而影响行车的速度及行驶的舒适性，同时这种振动作用还会加剧路面和汽车部件损坏和轮胎的磨损，并增大油耗。随着平整度的恶化，路面在冲击作用下容易形成坑槽、搓板等病害，如果积水后更会加剧路面的破坏。因此平整度的检测与评定是公路施工与养护的一个非常重要的环节。

平整度的测试一般可分为断面类及反应类两大类。断面类平整度测定是指直接沿行驶车辆的轮迹测量路面表面的高程，得到路表纵断面，通过数学分析后采用综合统计量作为平整度指标。常见的方法主要有水准测量、梁式断面仪测量和惯性断面仪测量3种方式。如最常用的3m直尺及连续式平整度仪测量就是断面类平整度测试方法。反应类平整度测定是指测量因路面凹凸引起车辆振动的颠簸情况。反应类指标是司机和乘客直接感受到的平整度指标，因此它实际上是舒适性能指标，最常用的测试设备是车载式颠簸累积仪。现已有更新型的自动化测试设备，如纵断面分析仪、路面平整度数据采集系统测定车等。

1. 平整度评价指标

平整度测定的方法和仪器有很多，相应采用的指标也各不相同，主要包括纵向平整度和横向平整度。一般纵向平整度对道路的使用影响比较大，因此平整度指标以纵向平整度为主，主要有平均调整坡（ARS）、纵断面平整度指标和国际平整度指数（IRI）这3种。

（1）平均调整坡

对于反应类平整度仪测定的结果，通常以车辆行驶一段距离（1km）后的累积数值表示。如果把每一种反应类平整度仪的平整度数值用相应的悬挂系统竖向位移量表示，测定结果可以表示为m/km，这个定义类似坡度的概念，因此称为平均调整坡（ARS）。采用ARS作为指标可以方便地对不同平整度仪的测定结果建立相关关系。需要注意的是这种相关关系只能在相同测定速度下才能成立，测试速度不同则相应的相关关系也不同。因此平均调整坡指标一般用速度作为下标，如 ARS_{80}。

（2）纵断面平整度指标

断面类平整度测定系统测到的是轮迹带路表面的纵断面，需要对测得的数据进行统计分析才能得到平整度的好坏。

（3）国际平整度指数

对于路面平整度的评价指标各个国家曾分别采用了统计型指标、振动型指标、3m 直尺指标、颠簸累积指标和舒适型指标等几种。为了使采用不同的方法和仪器测定的结果可以相互比较，需要寻找一个标准的（或通用的）平整度指标，它同其他平整度指标有良好的相关关系。同时采用反应类平整度仪测定时，为使测定结果具有时间稳定性，必须经常进行标定，而标定曲线的精度取决于标定路段采用的平整度指标同反应类测定系统的相关性。

为了解决上述问题，世界银行于 1982 年组织了有巴西、英、美、法等国专家参加的国际研究小组，在巴西首都巴西利亚进行了大规模的路面平整度试验，在此基础上提出了采用国际平整度指数（IRI）作为评价标准的建议。

国际平整度指数（IRI）是一项标准化的平整度指标，是标准车身悬架的总位移（m）与行驶距离（km）之比。它同反应类平整度测定系统类似，但是采用的数学模型模拟 1/4 车（单轮）以规定速度行驶在路面断面上，分析行驶距离内动态反应悬挂系统的累积竖向位移量。标准的测定速度规定为 80km/h，其测定结果的单位为 m/km，实际上是一无量纲的量值，人们经常也将 IRI 称作参考平均调整坡 ARS_{80}。

IRI 作为通用指标，为不同平整度测定方法的测定结果的评价对比提供了依据。

2. 平整度指标间相互关系

我国常用的平整度测试方法有 3m 直尺、连续式平整度仪和车载式颠簸累积仪 3 种方法。

3. 3m 直尺测定平整度的试验方法

3m 直尺测定法有单尺测定最大间隙和等距离（一般 1.5m）连续测定两种。两种方法都可以用于施工质量控制与检查验收，前一种方法一般要计算出所测定段的合格率，而等距离连续测试需算出标准差，用标准差的大小来表示路面平整程度。对于第一种方法规范里面定义用 3m 直尺基准面距离路表面的最大间隙表示路基路面的平整度，以 mm 计。

用于 3m 直尺测定平整度的主要仪具有用于测量基准面长度的 3m 直尺、楔形塞尺、深度尺、皮尺或钢尺、粉笔等。具体测试方法与步骤如下：

（1）在测试路段路面上选择测试点

3m 直尺测量法用于沥青路面施工过程中的质量检测时，测试地点应选择在接缝处；除高速公路以外，该方法可用于其他等级的公路路基路面工程质量检查验收或进行路况评定，每 200m 测 2 处，每处连续测量 10 尺。对旧路已形成车辙的路面，应取车辙中间位置为测定位置。

（2）测试步骤

①在施工过程中检测时，按根据需要确定的方向，将 3m 直尺摆在测试地点的路面上。

②目测 3m 直尺底面与路面之间的间隙情况，确定间隙最大的位置。

③用有高度标线的塞尺塞进间隙处，测量最大间隙的高度（mm）；或者用深度尺在最大间隙位置量取测量直尺上顶面距地面的深度，该深度减去尺高即测试点的最大间隙的高度，精确至 0.2mm。

④施工结束后检测时，按规定每 1 处连续检测 10 尺，按上述步骤测记 10 个最大间隙。

（3）计算

单杆检测路面的平整度计算，以 3m 直尺与路面的最大间隙为测定结果；连续测定 10 尺时，判断每个测定值是否合格，根据要求计算合格百分率，并计算 10 个最大间隙的平均值。

4. 连续式平整度仪法

连续式平整度仪法基本原理是通过测量路面不平整度的标准差来表示平整度，该方法主要用于测定路表面的平整度，评定路面的施工质量和使用质量，应注意的是该方法不适用于在已有较多坑槽、破损严重的路面上测定。

该方法主要的仪器设备是连续式平整度仪。连续式平整度仪的标准长度为 3m，中间为一个 3m 长的机架，机架可缩短或折叠，前后各有 4 个行走轮，前后两组轮的轴间距离为 3m。机架中间有一个能起落的测定轮。机架上装有蓄电源及检测箱。测定轮上装有位移传感器，自动采集位移数据时，测定间距为 10cm，每一计算区间的长度为 100m，并输出一次结果。机架头装有一牵引钩及手拉柄，可用人力或汽车牵引。

该种方法除需要连续式平整度仪外，还需要牵引车、皮尺或测绳等进行辅助测量，主要测试步骤如下：

①选择测试点。当为施工过程中的质量检测需要时，测试地点根据实际需要确定；当为路面工程质量检查验收或进行路况评定需要时，通常以行车道一

侧车轮轮迹作为连续测定的标准位置。对旧路已形成车辙的路面，应取车辙中间位置为测定位置。在测试路段路面上确定测试位置，当以内侧轮迹带（IWP）或外侧轮迹带（OWP）作为测定位时，测点位置距车道标线 0.8 ～ 1.0m。

②将连续式平整度仪置于测试路段路面起点上。

③在牵引汽车的后部，将连续式平整度仪的挂钩挂上，然后放下测定轮，启动检测器及记录仪，随即启动汽车，沿道路纵向行驶、横向位置保持稳定，并检查平整度仪上测定数字显示、打印、记录的情况。牵引平整度仪的速度应均匀，速度宜为 5km/h，最大不得超 12km/h。如果测试路段较短，亦可用人力拖拉平整度仪测定路面的平整度，但拖拉时应保持匀速前进。

5.车载式颠簸累积仪法

车载式颠簸累积仪法适用于在新建、改建路面工程质量验收和无严重坑槽、车辙等病害的正常行车条件下连续采集路段平整度数据。

该种方法的主要测试系统由承载车辆、距离测量装置、颠簸累积仪测试装置和主控制系统组成。主控制系统对测试装置的操作实施控制，完成数据采集、传输、存储与计算过程。

三、路面抗滑性能测定

路面抗滑性能是影响交通安全的重要参数，英国在 1985 年研究表明，横向力系数每提高 0.1，雨天事故率可降低 13%。随着公路等级和设计车速的提高，路面抗滑性能受到越来越多的重视。

1.路面抗滑性能

路面抗滑性能是指车辆轮胎受到制动时沿表面滑移时能够产生足够的摩阻力以使车辆能在安全合理的距离内停住。

2.路面抗滑性能评价指标

表征路面抗滑能力的评价指标一般包括抗滑性能和抗滑耐久性能。常见的描述抗滑性能的指标有抗滑值、制动距离数、横向摩擦系数、纵向摩擦系数、路表构造深度等，描述抗滑耐久性能的指标主要有石料磨光值。

目前路面抗滑能力检测主要通过路面摩擦系数、抗滑值和路表构造深度等指标反映。我国现行规范中提出的评价当前路面抗滑性能测试方法有制动距离法、偏转轮拖车法（横向力系数测试）、摆式仪法、构造深度测试法（手工铺砂法、电动铺砂法、激光构造深度仪法）。

（1）抗滑值

路面的抗滑值，又称抗滑摆值，是指用标准的手提式摆式摩擦系数测定仪测定的路面在潮湿条件下对摆的摩擦阻力。摆式摩擦系数仪是我国目前最常用的路面纵向抗滑性能检测设备。

（2）制动距离数

制动距离数是指以一定速度在潮湿路面上行驶的四轮小客车制动时，车辆开始减速滑移到停止的距离。

（3）横向摩擦系数

横向摩擦系数（SFC）是指试验轮与行车方向成一定角度前进时，与轮胎面垂直的横向力与车轮荷载之比。

我国《公路沥青路面设计规范》（JTG D50—2017）中规定高速、一级公路在竣工后第一个夏季测定的横向力系数验收值应不小于54。

（4）纵向摩擦系数

纵向摩擦系数（PFC）是指试验轮与行车方向平行前进时，与轮胎面垂直的纵向力与车轮荷载之比，计算公式与横向摩擦系数类似，表示的是道路沿行车方向的路面抗滑能力。

（5）路表构造深度

路表构造深度是指一定面积的路表面凹凸不平的开口孔隙的平均深度。路表构造深度实际上是反映路表宏观纹理粗构造的指标，主要的测试方法有手工铺砂法、电动铺砂法和激光构造深度仪法等。铺砂法主要原理是将已知容量的标准砂摊填在干净而干燥的路表面空隙内，然后测量标准砂的覆盖面积和体积，即可算出铺砂的等效深度。

（6）石料磨光值

石料磨光值（PSV）是按规定的试验方法测得的石料抵抗轮胎磨光作用的能力，即石料磨光后用摆式仪测得的摩擦系数，是表征抗滑耐久性的重要指标，反映了路表表面细构造。细构造是在车辆低速时对路表抗滑能力起决定作用的因素。

高速、一级公路的路面应具有良好的抗滑性能，其沥青路面抗滑性能应符合规范要求，二级及三级公路应根据各路段的具体情况采取必要的技术措施，以提高路面抗滑性能。在设计高速、一级公路的沥青表面层时，应选用抗滑、耐磨石料，其石料磨光值应大于 42。

3. 构造深度测试方法

路面抗滑性能测试方法较多，常见的试验方法有手工铺砂法等。

手工铺砂法主要用于测定沥青路面及水泥混凝土路面表面构造深度，用以评定路面表面的宏观粗糙度、路面表面的排水性能及抗滑性能。

第八章　道路交通基础设施运营状况评价与预警管理系统

第一节　道路交通基础设施运营状况评价

　　道路交通基础设施一般指高速公路、国道项目、新建铁路(包括磁悬浮铁路)等加强城市之间交通联系的设施。交通基础设施的运营状况的评价是指通过建立的评价指标体系以及评价模型，对基础设施的实际工作状态做出一个客观的判断，从而确定其所处的安全等级，防止重大交通灾害的发生，确保交通基础设施的安全运营。大多数灾害(自然灾害除外)的发生并非结构在外力作用下的突然破坏，而是随时间推移一些细微的病害逐渐累积最终导致结构的失稳破坏。因此，如何在结构破坏之前对其进行运营状态评价，提出相应的应对措施显得尤为重要。交通基础设施是一个笼统的概念，在进行运营状态评价时可以划分成桥梁、隧道、路基路面等具体的结构，这样不仅有利于评价指标体系的建立，也使得计算结果更加精确。无论是桥梁、隧道还是路基路面，其评价的方法和步骤有相似之处，下面仅以桥梁运营状态评价为例，来介绍道路交通基础设施的运营状况评价方法。

一、桥梁运行状态评价的定义及目的

　　桥梁运营状态评价就是通过各种检测方法得到的桥梁结构相关技术参数，对桥梁各个结构有一个初步的主观判断，然后根据评价模型对桥梁的各个部分有一个比较科学的客观判断，从而对桥梁结构的承载能力、稳定性以及通行能力等各项指标做出综合评价，根据评价结果制定出具体合理的应对措施，以保证桥梁的正常运行。桥梁在使用过程中会受到风、雨、温度及有害物质的侵蚀，

车辆动、静荷载的长期作用，地震、车船撞击的偶然作用以及材料自身性能的退化，导致结构的各部分性能发生了大小不等的损伤和劣化，使桥梁结构的承载能力大大降低。桥梁运行状态评价的目的就是根据建立的桥梁评价模型对桥梁结构工作性能做出综合判断，了解结构实际的工作状态，为桥梁服役期间提供安全保证，避免重大事故的发生。

二、桥梁运行状态评价指标体系

由于桥梁结构的复杂性，要准确地评价桥梁的运营性能，需要制定一套评价体系。桥梁一般由上部结构、下部结构、支座、附属设施四部分组成。对桥梁健康状态进行整体评价之前，需先根据桥梁的结构组成，确定各项指标的分值，目前常用层次分析法进行分析确定。

三、层次分析法评价模型

层次分析法，是由美国运筹学家 T.L. 萨蒂（T.L.Satty）在 20 世纪 70 年代提出的一种层次权重分析方法。它将一个复杂的决策问题作为一个系统，将目标分成多个准则，通过确定同一层次中各个评估指标的初始权重，从而将定性因素定量化，将各种影响因素条理化，减少了主观因素的影响。层次分析法的特点是在对复杂的决策问题的本质、影响因素及其内在关系等进行深入分析的基础上，利用较少的定量信息使决策的思维过程数学化，从而为多目标、多准则或无结构特性的复杂决策问题提供简便的决策方法。

第二节　道路交通预警管理系统

道路交通预警理论属于一项新的技术领域，国内外研究开展得也不多、不成熟。道路交通预警技术按照交通设施可分为隧道塌方预警、桥梁预警、路基灾害预警技术等。其内容广泛，涉及的技术较多，系统设计也较复杂，这也是道路交通预警技术发展缓慢的原因。但通过近几年预警技术的研究成果可以看到，预警技术在交通设施的防灾减灾、安全分析、突发事故的处理等方面起了很大的作用。因此，道路交通预警技术虽是一项新的技术研究，但是其研究意义与价值非常重要。道路交通预警技术是未来交通运输领域重要的研究方向。

一、道路交通预警管理系统总体设计

1. 道路交通预警管理系统总体设计要求

（1）实用性

道路交通预警管理系统要能解决道路交通基础设施运营状态下遇到的各种灾害问题，如隧道塌方、高速公路灾害预警等。

（2）可靠性

可靠性是指在系统正常运营条件下，保证道路交通预警管理系统的最低失效率的一种职能。在道路交通预警管理系统的设计过程中，既要考虑使道路交通预警管理系统的功能与秩序处于协调状态，又要考虑运营管理行为要素的行为后果处于正常的轨迹。道路交通预警管理系统要能够判别交通基础设施运营管理行为要素的异常性和管理活动过程的非均衡性，并能做出系统状态的危险性预测。

（3）高科技性

道路交通预警管理系统综合计算机技术、传感器技术、数据库技术等多项高科技技术于一体，其最终目标是在解决交通管理工作中某一具体问题时达到甚至超过现行的处理水平。

（4）协调性

为了保证道路交通预警管理系统的整体功能，有必要经常对各建设与运营管理行为要素的活动范围和行为程度进行协调，使系统内所有建设与运营管理行为要素的功能达到互补的有机统一状态。

（5）可扩充性

我国道路交通预警管理系统需要从预警规划、系统设计、预警实施等方面去提升预警管理技术水平，使预警体系不断地完善。

2. 道路交通预警管理系统的内容体系

道路交通预警管理系统包括灾害预报和预控对策两大功能模块。

（1）灾害预报

灾害预报包括4项内容，即监测预报、灾害判定、灾害诊断、灾害评价。

①监测预报。灾害监测预报是预警分析的前提，也是整个预警系统的关键步骤。灾害监测预报获得的参数数据是反应交通运营状态的关键技术指标。监测的内容有两个：一是过程监测，即对所监测的对象进行全过程监测，并对监测对象与其他交通设施的关系进行监视；二是对大量的监测信息进行分析处理，

建立信息档案，通过与交通灾害数据库管理系统的数据进行比较，初步判断交通基础设施的运营状态，并将判断结果准确地传输到下一个预警环节。

②灾害判定。灾害判定就是根据数据库中交通设施正常运营状态的指标体系，通过分析处理监测预报得到的信息，确定交通基础设施的运营状态、将要发生灾害的趋势以及灾害类型和灾害等级。指标体系是灾害判定的依据，针对不同的设施类型应在数据库中设置不同的指标体系。指标体系的建立一般根据规范规定的各种变形的容许值来确定，如路基的允许弯沉、桥头位置桥梁和路基的允许沉降差、隧道的允许变形量等。也可以根据以往交通设施发生的灾害历史进行比较，以此来划分灾害的等级。灾害的判定是灾害预警系统中预控对策的前提和关键，根据灾害判定得到的灾害预警等级，初步确立灾害的应对措施。

③灾害诊断。灾害诊断是对灾害判定过程中确定的灾害类型进行成因分析。其主要任务是对设施运营过程当中的灾害发病机理、发生背景、发展过程、表现形式以及发展趋势进行准确的描述，分析灾害发生的主要因素和次要因素，对灾害有一个全面的评价。不同的灾害类型在设施当中发生的部位不同，表现形式不同，对设施的影响不同。因此，只有明确灾害发生的原因，才能针对不同的灾害类型制定合理的应对措施和处理方法。

④灾害评价。灾害评价是指对于已经认定的灾害进行损失性评价。灾害带来的损失包括直接损失和间接损失。直接损失是指灾害发生时对交通设施结构的直接破坏引起的损失，以及灾害发生时对车辆人群的伤害和对周围建筑物、农作物的破坏损失等。间接损失是指灾害发生后影响道路的通行和人类的正常活动而引起的不确定性的损失。灾害评价的主要任务就是分别对灾害直接损失和间接损失进行初步的损失评价，为下一步的预控对策提供有效的依据。

（2）预控对策

①警戒系统。根据监测预报得到的技术参数，通过与评价指标体系的比较，对于有灾害发展趋势的结构（随着结构的工作状况进一步恶化，结构发生灾害的可能性增加）或者已经发生轻微灾害的结构，进行实时监测和警戒，以防止重大灾害的发生。警戒系统只是针对没有发生灾难性灾害的结构进行的一种监测预警机制，是一种单纯的警示系统，并不能防止灾害的发生。

②紧急系统。当灾害发生时，为了减小次生灾害的影响和及时地处理灾害带来的严重后果，需采取紧急的应对措施，来减小灾害带来的不利影响。紧急系统制定的灾害应对措施需以灾害的发生原因、对道路交通系统的影响后果等为依据。

③解释机制。灾害的发生不可避免地会引起社会人群的反应，解释机制就是用来回答人们对预警系统的问题和疑问的。解释机制的回答包括两个方面：一是 WHY，即为什么会制定这样的应对措施，制定解决方法的理论依据等；二是 HOW，即这种结论是怎样得出的，并对制定的措施进行详细的解释说明，使用户能更加详细地了解预警管理系统的工作原理，增加预警系统的透明度。

3. 道路交通预警管理系统的功能

（1）报警功能

道路交通预警管理系统的基本功能就是对有灾害发生趋势的结构进行监测与报警。道路交通预警管理系统通过对基础设施结构的实时监测，根据反馈到监测系统中的数据参数，通过与数据库中的标准状态进行比较分析，评价基础设施的实际工作状态。对于有灾害发生的结构部位或者有发生灾害趋势的部位系统会自动发出警告和警示，并将信息传输到警戒系统、紧急系统等应急机制，等待系统做出灾害的判断和处理方法。报警职能的关键技术是信息的采集和数据库的建立。信息的采集强调实时性、动态性，并且要求数据精度高、准确度高，能全面地反映交通基础设施的工作状态。数据库应具有层次性，不同结构的数据库应该进行分类管理，这样可以提高灾害判别的效率，还可以方便数据库的维修与更新。数据库的建立应以道路结构规范和历史灾害记录为主体，并需进一步细化。同时，数据库要定期进行数据更新。

（2）纠错功能

道路交通预警管理系统不仅可以对结构设施进行错误警告，而且可以对道路交通预警管理系统在管理过程中内部本身的错误进行纠正与矫正。任何系统在工作过程当中都有一定的漏洞和缺陷，错误行为的发生是必然现象。而道路交通预警管理系统的自我纠错功能能够及时地发现系统本身的错误，并且能够自动修复系统漏洞，保证道路交通预警管理系统的正常运行。

（3）应急功能

应急功能是预警系统对报警系统发来的灾害报告做出的处理对策的一种功能。应急功能是通过警戒系统和紧急系统对灾害做出的合理应对措施来实现的。灾害发生时需要系统积极地应对，尽量减小灾害带来的严重后果和不利影响。道路交通预警管理系统会根据灾害的类型和特点制订出一套安全可靠的应急方案，以减小灾害带来的直接损失和间接损失，保证人们的生命财产安全，并尽快地恢复交通正常运行。对于重复发生的灾害，可以根据已有的经验措施来制定出有效的解决措施，这样不仅安全性高，而且实施较容易，操作较熟练。对于新发灾害，应从灾害的根源切入，分析灾害产生的原因、灾害类型、灾害等级以及灾害破坏程度等，制订详细的应急方案。

（4）免疫职能

免疫职能是指交通基础设施预警体系主体对于同类或者同种性质的风险和灾害以及灾害的发展过程进行预测和迅速识别，并能迅速地做出有效的灾害防范措施的一种功能。免疫功能的另一个含义是系统本身的一种纠错、避错功能。当系统工作过程当中出现错误征兆和处于相同的致错环境时，能有效地予以回避和改正，并且通过对同类错误和风险的总结和模拟，防止系统同类错误的发生。免疫职能的核心是预警系统能够科学迅速地总结失误教训，并能够对系统错误进行超前矫正。

二、道路交通预警管理系统的实施

道路交通预警管理系统需要专业的技术基础来维持系统的正常运转。道路交通预警管理系统的实施应根据预警管理系统的工作流程和特点来进行程序设计、人员配置、系统协调等。

1. 组织实施

道路交通预警管理系统的组织实施应从以下几方面进行：

（1）确定监测对象

监测对象的选择应具有代表性和实施的可能性。尤其是在道路交通预警管理系统的建立早期应本着先易后难的原则，选择一些比较容易进行或者比较熟悉的基础设施结构进行监测。道路交通预警管理系统的关键步骤是建立一套科学的评价指标体系。在考虑实施可能性的基础上，指标体系的建立应突出结构关键部位技术参数，指标体系应简单明了，范围不宜太大。道路交通预警管理系统的建立是一个循序渐进的过程，在初期积累一定的经验之后监测系统可进一步完善，指标体系也可以根据结构部位的权重来进一步完善。整个道路交通预警管理系统的应用对象也可以扩展到道路交通系统重点复杂的基础设施。

（2）制订道路交通预警管理系统的实施计划

道路交通预警管理系统开发和实施的前提就是制订道路交通预警管理系统的运行计划，这样才能保证道路交通预警管理系统的顺序性、统一性、科学性。实施计划的制订应该考虑监测对象、预警指标体系、预警分析和预控对策等基本内容。实施计划必须要符合监测对象的特点以及技术的可能性，并综合考虑整个预警管理系统的工作流程。

（3）突出预控对策的重点内容

预控对策的主要作用是对结构灾害的发生征兆进行预警控制并指定灾害应对措施。灾害的发生往往有许多因素，在诸多的因素当中，要筛选其中的主要因素进行分析，以便于灾害应对措施的制定。

（4）熟练掌握预警分析和预控对策的方法

任何管理系统的实施都不仅仅依靠科学的理论指导，还要有合理的管理方法。同样，预警管理系统的建立以灾害预警理论做指导，以预警分析和预控对策的方法进行具体实施。预警分析方法主要有灾害现象分析方法和运营活动分析方法。而预控对策的管理方法可以参考现有管理系统的管理方法来保证系统的正常运行。如果灾害无法控制，进入危机状态，则系统应自动启动危机状态管理方法。

2. 预警管理工作的合理化

工作程序的合理化主要是指道路交通预警管理系统工作的合理化，即系统在运行过程中的条理化、程序化、顺序化。系统工作效率的提高依赖于规范的工作程序，在执行工作程序合理化的同时也要坚持"三化"原则：整个计划的规范标准化、实施措施的专业化、操作界面的简单化。

工作程序合理化的方法流程可以按照以下步骤进行：首先是掌握道路交通预警管理系统的结构现状，认真熟悉掌握系统的整个工作流程、应急处理方案等一些基本的事项。了解系统现状之后，在系统工作的同时，根据系统的工作状况，及时发现道路交通预警管理系统中存在的漏洞和问题。发现的问题应具有代表性，能够切实反映系统的主要问题。在发现问题之后，应尽快制订改进方案，方案应根据具体的问题制订，在有条件的同时，应避免方案单一化，要制订备选方案，以确保问题能够很好地解决，尽早恢复系统的正常运行。在确定了改进方案之后，在应用到系统中的同时，应该实时观察系统的反应，查看是否出现新的问题，要确保该方案能够解决实际问题，并且能够使系统更加通顺地运行。

3. 道路交通预警系统管理人员的要求

（1）技术能力

技术能力是指进行特定活动的方法、程序、过程和技术等知识，以及运用有关工具和设备的能力。在道路交通预警管理系统中，要求管理人员掌握系统的工作流程和熟练操作方法，避免因为错误操作和错误判断引起系统的错误。

（2）创造性思维

创造性思维以新动机为先导，以思维的流畅性、应变性为基础，以思维的创造性和丰富多彩的想象力为核心。管理人员的思维应变性强，就能够发挥自身优势，走出新路子，创造出适合本部门工作的管理特点。

（3）关注细节

任何事情从量变到质变都不是一个短暂的过程，如果管理者没有持之以恒的"举轻若重"，做好每一个细节的务实精神，就达不到"举重若轻"的境界。道路交通预警管理系统是整个交通系统中一个关乎人民生命财产安全的部分，所以道路交通预警管理系统要求每一个管理者能够细心地观察系统的运行状况，及时地发现系统中存在的问题，确保系统运行的万无一失。

参考文献

[1] 周君.基于视频的城市交通事件检测研究 [M].南京：东南大学出版社，2016.

[2] 林瑜筠，王若昆.城轨交通概论 [M].北京：北京交通大学出版社，2018.

[3] 陈刚，续磊.视频侦查规范化指引 [M].北京：中国民主法制出版社，2017.

[4] 梁军，贾海鹏.视频图像处理与性能优化 [M].北京：机械工业出版社，2017.

[5] 王学慧，丁立波，于世军.交通信息技术基础 [M].北京：国防工业出版社，2015.

[6] 欧冬秀.交通信息技术 [M].上海：同济大学出版社，2007.

[7] 刘伟杰.智能交通在身边 [M].上海：上海人民出版社，2013.

[8] 陈旭梅.城市智能交通系统 [M].北京：北京交通大学出版社，2013.

[9] 谭复兴.城市轨道交通概论 [M].北京：中国铁道出版社，2013.

[10] 邢智强，谢明.交通运输行业职业培训与实践 [M].北京：北京理工大学出版社，2017.

[11] 朱宏，林瑜筠.城市轨道交通概论 [M].北京：中国铁道出版社，2011.

[12] 李伟章，徐幼铭，林瑜筠，等.城市轨道交通通信 [M].北京：中国铁道出版社，2008.